W0367740

Birgit Ilgner

# HundeRunde

**Hundespaziergänge sinnvoll gestalten und effektiv zum Training nutzen**

HUNDE WISSEN VERLAG

# Inhaltsverzeichnis

## Training im Alltag



## Wichtige Trainingstipps

**Einleitung**

**Liebe Leserinnen, liebe Leser,**

Ihre Entscheidung für einen Hund haben Sie sich mit Sicherheit reiflich überlegt, denn Sie haben mit dem Kauf eine große Verantwortung übernommen. Was zukünftig aus Ihrem Vierbeiner wird, hängt ganz allein von Ihnen ab. Sie müssen in der Lage sein, Ihren Hund sinnvoll zu beschäftigen und richtig zu erziehen. Wenn Sie dazu nicht fähig sind, wird er sich selbst beschäftigen, egal ob er sich zur Hauptaufgabe macht, das Grundstück auf Teufel komm raus zu bewachen oder statt bei Ihnen zu bleiben, lieber einem Hasen hinterher zu flitzen, einen Jogger ärgern oder sich an der Leine wie Rambo benehmen .

Vergessen Sie nie: Die Erziehung Ihres Hundes beginnt sofort, also am ersten Tag und nicht irgendwann! Ihr Hund bekommt von Anfang an klare Kommandos, die Sie konsequent und geduldig einfordern.

Dass man in der modernen Hundeerziehung erfolgreich ist, hängt einzig und allein von Ihnen ab. Sie und Ihr Wissen sind gefragt und Ihr Hund wird nur das lernen und können, was Sie ihm vermittelt bzw. beigebracht haben. Die alten Methoden, die über Stachelhalsbänder, brutale körperliche Bedrängung und viel Geschrei leider noch viel zu oft angewendet werden, sollten für Sie unbedingt TABU sein. Sie werden sehen, es geht auch anders.

Dieses Buch soll Ihnen vermitteln, wie Sie liebevoll, konsequent und geduldig Ihren Hund zu einem sicheren Partner erziehen, auf den Sie sich verlassen können.

Hundespaziergänge stehen täglich auf dem Programm, und Sie wünschen sich einen Familienhund, der sich überall benehmen kann, der sozusagen alltagstauglich ist.

Ich bin immer wieder erstaunt, dass die Gassirunden meistens nur zum Lösen der Hunde genutzt werden. Ein bisschen herumschnüffeln lassen, einmal Stöckchen oder Bällchen werfen und fertig ist die Gassirunde.

90 Prozent der Hundehalter, die mit Ihren Problemen zu mir kommen, waren nicht in der Lage, einen Hundespaziergang als Trainingseinheit zu gestalten.

Gerade auf den gemeinsamen Spaziergängen hat man doch die meiste Zeit, um sich intensiv um den Vierbeiner zu kümmern. Die Hunderunden müssen immer eine Kombination aus verschiedenen Übungen sein, die Hunde wollen beschäftigt werden und nicht nur stupide neben Herrchen oder Frauchen herlaufen.
Sie, als Hundehalter, müssen eine sehr gute Bindung zu Ihrem Hund aufbauen und Vertrauen schaffen. Dazu ist es notwendig, dass Sie sich intensiv mit dem Hund beschäftigen. Sie müssen auf den Spaziergängen das Wichtigste sein bzw. werden, was es für Ihren Hund gibt. Ist das nicht der Fall, wird sich Ihr Hund immer an anderen, für ihn wichtigeren Sachen orientieren (Weglaufen, Jagen usw.).
Um Ihre bisher trostlose Spaziergehrunde in eine gut durchdachte Trainingseinheit umzuwandeln, soll Ihnen dieses Buch als Grundlage dienen.
Sie werden sehen, es ist gar nicht so schwer, sich einen folgsamen Hund zu erziehen ... und außerdem vergessen Sie nicht, dass nur gut erzogene Hunde auch gewisse Freiheiten genießen dürfen.
Ich wünsche Ihnen nun viel Spaß beim Lesen und beim Erstellen Ihres eigenen Trainingsplans und natürlich viel Erfolg bei der Umsetzung.

Ihre Birgit Ilgner

## Grundlegende Regeln

Einen Hund zu erziehen ist nicht schwer, wenn man grundlegende Dinge beachtet. Natürlich kann man nicht jeden Hund oder jede Rasse nach ein und demselben Schema erziehen oder motivieren, aber die nachfolgend genannten Bausteine sollten für alle gelten.

### Konsequenz

Konsequenz bedeutet, dass Sie als Hundehalter immer agieren und Ihr Hund reagiert. Niemals sollte das umgekehrt sein. Sie bestimmen, was der Hund machen soll und achten auf die strikte Einhaltung der von Ihnen gegebenen Kommandos:

**TIPP**

*Beispiel: Ihr Hund soll SITZ machen und geht einfach weiter. Sofort wirken Sie ein und fordern das Kommando noch mal. Kontrollieren Sie die konsequente Ausführung!*
*Mit Konsequenz ist nicht gemeint, den Hund mit Strafe oder unter Zufügung von Schmerzen zur Ausführung von Kommandos zu bewegen. Hunde sind so intelligente Wesen, dass man auch ohne körperliche Einwirkung ans Ziel kommt.*

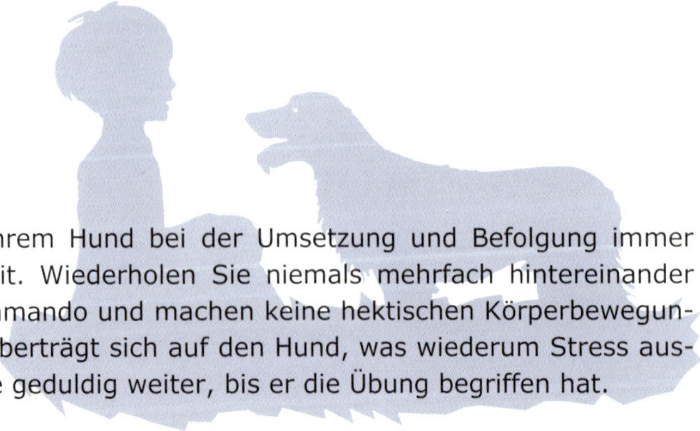

### Geduld

Lassen Sie Ihrem Hund bei der Umsetzung und Befolgung immer ein wenig Zeit. Wiederholen Sie niemals mehrfach hintereinander dasselbe Kommando und machen keine hektischen Körperbewegungen. Hektik überträgt sich auf den Hund, was wiederum Stress auslöst. Üben Sie geduldig weiter, bis er die Übung begriffen hat.

**Liebe**

Bitte lassen Sie Ihren Hund „Hund“ sein, fordern und fördern Sie ihn täglich sinnvoll und lassen ihn nicht auf einem Grundstück oder in einem Zwinger verkümmern. Bitte verwechseln Sie Liebe nicht mit Vermenschlichung oder Kinderersatz. Hundeerziehung beginnt am ersten und endet am letzten Tag. Integrieren Sie Ihren Hund in die Familie und lassen ihn am Familienleben teilhaben.

**Vertrauen**

Geben Sie Ihrem Hund Sicherheit und das nötige Vertrauen. Ihr Hund soll lernen, in Situationen, die ihn überfordern oder Angst auslösen, immer zu Ihnen zu kommen. Wenden Sie niemals körperliche Gewalt bei der Erziehung des Hundes an. Ein gestörtes Vertrauensverhältnis kann zu großen Problemen führen.

**Klare Rangordnung**

Die Rangordnung ist ein weiteres wichtiges und grundlegendes Element in der Hundeerziehung. Sie muss immer eindeutig festgelegt sein. Eine klargestellte Rangordnung ist der Schlüssel, um zu einem harmonischen Team zu werden. Sie brauchen keine Angst haben, dass Ihr Vierbeiner nichts anderes zu tun hat, als den ganzen Tag Ihre Chefposition anzuzweifeln. Wenn er sich benimmt, darf er durchaus mit auf die Couch, mit ins Schlafzimmer und wenn Sie mögen, auch mit ins Bett. Vorausgesetzt, er lässt sich von diesen Plätzen von Ihnen auch wieder verweisen.
Hunde mögen es, einem Rudelverband angeschlossen zu sein, also lassen Sie ihn bitte nicht auf dem Hof, im Garten oder gar im Zwinger verkümmern. Geben Sie ihm die Möglichkeit, sich in Ihre Familie zu integrieren. An die Schaufel Dreck und an das herumliegende Fell in der Wohnung gewöhnt man sich recht schnell. Genießen Sie dafür die Nähe zu Ihrem Vierbeiner, er oder sie wird es Ihnen danken. Hunde, die im Familienverband integriert sind, haben nach meiner Erfahrung eine festere Bindung zu Ihren Besitzern, als Hunde, die auf dem Hof leben. Gerade abends, wenn man zur Ruhe kommt, hat man noch mal Zeit, um sich dem Vierbeiner zu widmen, egal, ob Sie mit ihm spielen oder einfach nur schmusen.

## TIPP

**<u>Grundsätzlich gilt:</u>**

- Der Hundehalter agiert, das heißt, Sie übernehmen die Führung.
- Ihr Hund reagiert, das heißt, er führt Ihre Befehle uneingeschränkt aus.
- KONSEQUENZ ist ganz wichtig! Wenn Sie ein Kommando gegeben haben, muss der Hund es ohne Wenn und Aber ausführen.
- Missverständnisse in der Kommunikation ausschließen: Spielen Sie die Übung vorher in Ihrem Kopf durch: „was mache ich wenn......"
- Klare, kurze Kommandos und Signale – ordentliche Verknüpfung, richtiges Timing.
- Kommandos werden nicht ständig hektisch wiederholt.
- Ein „Chef" ist immer ruhig und überlegen! Er lässt sich von der Hektik des Hundes nicht anstecken.
- Wenn eine Übung nicht klappt, Neuaufbau der Übung. Gönnen Sie Ihrem Hund erst einmal eine kleine Pause und beginnen die Übung in Ruhe wieder von vorn. Wechseln Sie gegebenenfalls den Ort, laufen Sie einfach ein paar Schritte weiter.

## WICHTIG

**Folgen einer nicht klargestellten Rangordnung können sein:**

- Ihr Hund macht was er will, entfernt sich auf Spaziergängen weit und kommt nicht auf Kommando zurück.
- Er zerrt an der Leine.
- Er jagt Jogger, Radfahrer, Inlineskater oder Wild.
- Er lässt sich nicht von erhöhten Sitzplätzen verweisen.
- Er knurrt, wenn Sie an sein Futter gehen.
- Zeigt sich eifersüchtig, wenn sich Ihnen jemand nähert.
- Zeigt ängstliches, nervöses Verhalten – ist mit der Situation überfordert.
- Steigert sich in Situationen hinein und befolgt keine Kommandos mehr.

## Rangordnung und Dominanz!

Zeig ihm, wer der Chef ist............... den Hund auf den Rücken werfen, im Nacken packen und schütteln, ihn zu Boden drücken oder sich sogar auf den Hund drauf werfen ......
alles Methoden, die längst nicht mehr den neuesten kynologischen Erkenntnissen entsprechen. Andere sind der Meinung, sie müssen immer zuerst durch die Tür, immer zuerst die Treppe hinunter, auf erhöhten Sitzplätzen haben Hunde niemals etwas zu suchen, der Hund darf nur nach uns fressen, den Hund öfters ignorieren, der Hund darf Sie nie zum Spiel auffordern...... die Liste könnte man beliebig erweitern.
Seit fast 20 Jahren leben Hunde in unserem Haushalt, und ich kann Ihnen versichern, unsere Hunde fressen fast immer vor uns, dürfen auf die Couch, dürfen uns zum Spiel auffordern und rennen vor uns durch die Tür, und Sie können mir glauben, es funktioniert trotzdem. Alle leben harmonisch unter einem Dach! Auch innerhalb unseres Hunderudels legt keiner großen Wert auf irgendeine Dominanzposition. Alle gehen sehr kulant miteinander um. Ich bin mitunter sehr erstaunt, wie weit gerade junge Hunde gehen dürfen. Sie sollten das Wort Dominanz nicht überbewerten!

# Trainingspläne für wichtige Kommandos

## Kommandos und Sichtzeichen

Die Grundkommandos sind von höchster Wichtigkeit und müssen täglich ins Training einfließen und abgefordert werden. Jeder Hund muss diese Begriffe kennen, da sie für das Training ständig gebraucht werden. Folgende Kommandos müssen Sie Ihren Hund lehren:

- Sitz
- Platz
- Bleib
- Hier / Komm
- Steh
- Zurück auf den Weg
- Such
- Bring
- Schau
- Warte / Halt
- Nein / Aus / Pfui

Für den Fall, dass Ihr Hund die Grundkommandos noch nicht kennt, folgen nun Trainingspläne für die genannten Übungen. Sie können sich auch gern andere Wörter dafür ausdenken, wichtig ist aber, dass alle Familienmitglieder dieselben verwenden. Wer seinen Hund auf Prüfungen vorbereitet, sollte darauf achten, ein Kommando für den sportlichen Gebrauch zu verknüpfen und ein weiteres für den Hausgebrauch. Zum Beispiel das Kommando PLATZ: Bei einer Begleithundeprüfung sollen die Hunde sich bei PLATZ schnell und sportlich hinlegen und liegen bleiben. Beim PLATZ im alltäglichen Gebrauch verwende ich daher den Begriff LEG DICH.

Bevor Sie mit dem Training für die Grundkommandos beginnen, sollten Sie mit Ihrer Familie genau absprechen, welches Kommando für welche Übung verwendet wird. Fertigen Sie einen Plan an und geben jedem Familienmitglied eine Kopie.

| Was soll der Hund tun: | Wortkommando | Sichtzeichen |
|---|---|---|
| Sich setzen | SITZ | ZEIGEFINGER NACH OBEN STELLEN |
| Sich legen | PLATZ / LEG DICH | HANDFLÄCHE FLACH NACH UNTEN HALTEN |
| An Ort und Stelle blei-ben | BLEIB | HANDFLÄCHE FLACH NACH VORN HALTEN |
| Er soll etwas unterlas-sen | NEIN / AUS / PFUI | KEIN ZEICHEN |
| Darf weiter gehen | LAUF / AB | MIT EINER HAND DIE RICHTUNG ZEIGEN |
| warten | HALT / STOP | KEIN ZEICHEN |
| Er soll aufmerksam sein | SCHAU | HAND NACH OBEN ZIEHEN |
| Eine Übung beenden | FERTIG / IST GUT | LEERE HÄNDE ZEIGEN |
| Er hat etwas richtig gemacht | FEIN | KEIN ZEICHEN |

Erstellen Sie Ihren eigenen Plan für alle Kommandos!

## Trainingsplan SITZ

Ihr Hund soll lernen, sich auf ein einmaliges Hör- oder Sichtzeichen zu setzen.

- Als Kommando verwenden Sie SITZ und als Sichtzeichen den „Zeigefinger".
- Sie nehmen ein besonderes Leckerchen zwischen Daumen und Mittelfinger, den Zeigefinger lassen Sie gestreckt.
- Fahren Sie vorsichtig mit der Hand und dem Leckerchen über den Kopf des Hundes nach hinten. Der Hund wird nach dem Leckerchen schauen und sich setzen.
- Leckerchen nicht zu hoch halten, da der Hund sonst hochspringt. Immer auf Kopfhöhe des Hundes üben.
- Wenn der Hund den Boden berührt, wird zur Verknüpfung mit freundlicher, freudiger Stimme das Kommando SITZ gesagt.
- Wichtig ist immer eine zeitnahe Belohnung. Sobald der Hund sitzt, gibt es das Leckerchen.
- Vorsicht .... wenn Sie das Leckerchen zu spät geben und der Hund schon wieder beim Aufstehen ist, belohnen Sie das „eigenmächtige" Aufstehen des Hundes und nicht das brav ausgeführte Kommando SITZ.
- Zuerst üben Sie ohne und dann mit steigernder Ablenkung. Beachten Sie dabei das Alter des Hundes sowie den Trainingsstand. Langsam können Sie auch die Sitzdauer verlängern.
- Wenn sich Ihr Hund von selbst gerade setzen möchte, sagen Sie einfach SITZ dazu, so können Sie dieses Kommando intensivieren.
- Geben Sie dem Hund grundsätzlich ein Kommando wie AB oder LAUF, wenn er sich wieder entfernen darf. Somit lernt der Hund, erst nach Ihrer Freigabe weiterzulaufen und Sie bekommen immer Ruhe in die Übung.

Nehmen Sie das Leckerchen zwischen Daumen und Mittelfinger. Führen Sie die Hand mit dem gestreckten Finger über den Kopf des Hundes. Ihr Hund wird automatisch hinten runter gehen und sich setzen. Sobald er sitzt, geben Sie das Leckerchen frei und sprechen das Kommando aus.

Ziel ist es, dass sich Ihr Hund sofort setzt, wenn Sie den gestreckten Zeigefinger hochhalten. Die Benutzung von Sichtzeichen hat den Vorteil, dass Ihr Hund Sie immer dabei anschaut.

Später sollte die Übung auch auf Entfernung vom Hund folgsam ausgeführt werden. Üben Sie mit allmählicher Steigerung der Ablenkung und an unterschiedlichen Orten. Geben Sie Ihrem Hund immer ein Kommando, wenn er die Sitzübung beenden darf, wie LAUF oder AB. Steht er vorher auf, soll er sich wieder setzen und auf die Freigabe warten.

## Übungsplan PLATZ

Ihr Hund soll sich auf ein Hör- oder Sichtzeichen hinlegen und liegen bleiben, bis das Kommando aufgehoben wird.

- Als Kommando verwenden Sie PLATZ und als Sichtzeichen „die flache Hand nach unten".
- Bevor Sie anfangen, PLATZ zu üben, immer zuerst ein SITZ verlangen. Die Platzübung gleich aus dem Stehen zu verlangen, ist noch zu schwer und sollte erst später geübt werden.
- Sie lassen Ihren Hund SITZ machen. Nehmen Sie ein Leckerchen unter die Handfläche.
- Beginnen Sie nun, von der Nase des Hundes die Handfläche in Richtung Boden zu bewegen.
- Der Hund folgt dem Leckerchen.
- Beachten Sie, dass die Hand wirklich nur gerade nach unten geht. Erst wenn Ihre Hand am Boden ist, ziehen Sie die Handfläche ganz langsam nach vorn.
- Der Hund wird wieder Ihrer Hand folgen und sich hinlegen. Sobald der Hund liegt, geben Sie ihm das Leckerchen und sagen das entsprechende Kommando dazu.
- Wenn sich Ihr Hund nicht gleich legt, lassen Sie die Hand eine Weile dort liegen. Er will an das Leckerchen kommen und wird versuchen, mit der Pfote zu kratzen. Die meisten Hunde legen sich dann ganz alleine hin.

**2. Variante:**

- Knien Sie sich hin, wobei ein Bein nach vorn lang ausgestreckt bleibt. Nun locken Sie den Hund mit einem Leckerchen unter dem ausgestreckte Bein hindurch, so dass der Hund versucht zu kriechen und sich schließlich hinlegen muss. Wenn der Hund den Boden berührt, wird zur Verknüpfung mit freundlicher, freudiger Stimme das Kommando PLATZ gesagt.
- Wichtig ist immer eine zeitnahe Belohnung.
- Sobald der Hund liegt, gibt es das Leckerchen.

- Vorsicht: Wenn Sie das Leckerchen zu spät geben und der Hund schon wieder beim Aufstehen ist, belohnen Sie das Eigenmächtige Aufstehen des Hundes und nicht das brav ausgeführte Kommando PLATZ.
- Zuerst üben Sie ohne und dann mit steigender Ablenkung.
- Wenn Sie merken, dass der Hund das Kommando PLATZ begriffen hat, fangen Sie an, das Kommando durch BLEIB zu verlängern.

## Übungsplan BLEIB

Ihr Hund soll auf ein Hör- oder Sichtzeichen sitzen oder liegen bleiben, bis das Kommando aufgehoben wird.

- Als Kommando verwenden Sie BLEIB und als Sichtzeichen „die flache Hand nach vorn".
- Bevor Sie anfangen, BLEIB zu üben, muss der Hund sicher SITZ und PLATZ können.
- Es gibt verschiedene Wege, wie Sie dem Hund das Kommando BLEIB beibringen können.
- Zum einen: Sie legen den Hund ins PLATZ und legen ihm zwischen die Vorderpfoten mehrere Leckerlis. Ihr Hund wird nun die Leckerchen suchen und fressen. In dem Moment entfernen Sie sich vom Hund, zeigen ihm das Sichtzeichen und sagen mehrere Male hintereinander BLEIB. Wenn Sie merken, der Hund wird unruhig und will gerade aufstehen, rufen Sie den Hund sofort zu sich ab und belohnen ihn fürs Kommen. Diese Übung ständig wiederholen, bis der Hund sicherer wird. Dann können Sie auch Abwechslung in die Übung bringen, indem Sie einmal den Hund abrufen oder zum Hund zurückgehen.
- Zum anderen gibt es die Variante, dass Sie die Gabe des Leckerlis verzögern, das Sichtzeichen zeigen sowie das Kommando BLEIB sagen. Sie fangen mit Sekunden an und steigern dann langsam.
- Beispiel: Sie rufen Ihren Hund ab, Hund kommt und sitzt ....... Sie haben ein Leckerli in der Hand, das Ihr Hund wahrscheinlich anhimmeln wird. Sie nehmen die flache Hand, sagen BLEIB und wenn der Hund schön sitzen bleibt, gibt es die Belohnung.
- Diese Übung zu Beginn auch wieder erst ohne Ablenkung und dann mit langsamer Steigerung der Entfernung zum Hund üben. Fangen Sie in kleinen Schritten an.
- Sollte der Hund aufstehen, gehen Sie sofort einen Schritt wieder auf den Hund zu und sagen nochmals BLEIB. Auch wenn der Hund 10 mal aufstehen sollte, gehen Sie 10 mal wieder auf den Hund zu. Bitte immer konsequent bleiben!
- Die Übung BLEIB ist sehr schwer zu erlernen und braucht viel Geduld. Ein Neufundländer wird wahrscheinlich schneller bleiben, als vielleicht ein Collie. Üben Sie immer, wenn der Hund schon spazieren war oder vorher ausgiebig gespielt hat.

- Suchen Sie sich eine Hundeschule, wo in Gruppen gearbeitet wird, um die Übung auch mit Ablenkung zu trainieren, oder üben Sie mit anderen Hundehaltern in Eigenregie.
- Sie können BLEIB auch sehr gut am Fressnapf üben. Wenn Sie Ihren Hund füttern, wird er erwartungsvoll vor Ihnen sitzen. Nehmen Sie den Futternapf in die Hand und entfernen Sie sich nur einen Schritt. Sagen Sie dabei mehrmals das Kommando BLEIB, und zeigen dem Hund dabei auch das Sichtzeichen. Bleibt er sitzen, gehen Sie zum Hund zurück und belohnen ihn mit ein paar Futterbrocken. Wiederholen Sie die Übung mehrmals. Versucht der Hund, an Ihnen hochzuspringen, ignorieren Sie dieses Verhalten. Setzt sich der Hund aber vor Sie und wartet, belohnen Sie dieses gewünschte Verhalten wieder mit ein paar Futterbrocken. Nach mehreren Wiederholungen wird Ihr Hund ganz schnell lernen, dass es sich lohnt, sich hinzusetzen und zu warten.

Die Übung BLEIB können Sie sehr gut vor dem Futternapf üben. In Erwartung des Futters bleiben alle Hunde von selbst sitzen. Zeigen Sie Ihrem Hund das Sichtzeichen und sagen BLEIB. Wenn Ihr Hund ruhig sitzen bleibt, stellen Sie ihm den Napf als Belohnung hinunter. Steigern Sie langsam den Abstand zum Hund.

**Übungsplan HIER oder KOMM**

Ihr Hund soll auf ein Hörzeichen sofort zu Ihnen kommen, anfänglich ohne und dann mit ständig steigender Ablenkung.

- Das Kommando HIER gehört zu den wichtigsten Kommandos überhaupt. Auf dieses Kommando lege ich immer sehr großen Wert. Hunde, die nicht sicher kommen, können nicht ohne Leine laufen und demzufolge auch keine Freiheiten genießen.
- Außerdem kann die zuverlässige Ausführung dieses Kommandos dem Hund das Leben retten. Meinem Kind kann ich sagen: „Warte an der Straße". Dem Hund kann ich das zwar sagen, er wird aber den Sinn dieses Satzes nicht verstehen und kann auch die Gefahren nicht einschätzen.
- Schonen Sie Ihre Nerven. Hunde, die sicher zurückkommen, ersparen Ihnen den Stress, wütend nach dem Hund zu schreien und abzuwarten, bis der ach so geliebte Vierbeiner mal der Meinung ist, wieder zurückzukommen.
- Ihr Hund muss IMMER sicher zu Ihnen kommen und nicht nur ab und zu.
- Als Kommando verwenden Sie HIER oder KOMM.
- Anfangs wird - wie bei allen Übungen - immer ohne Ablenkung gearbeitet.
- Beachten Sie: Nur wenn die Rangordnung stimmt, und die Motivation bzw. der Anreiz, zu Ihnen zu kommen hoch ist, wird Ihr Hund auch sicher zurückkommen. Sie müssen für den Hund unbedingt das Wichtigste und Tollste auf dem Spaziergang sein. Sind Sie das nicht, wird ihr Hund sich immer für andere Sachen interessieren und nicht zu Ihnen kommen.

- Rufen Sie immer in Verbindung mit dem Kommando den Namen des Hundes. Zum Beispiel: „Benny HIER". Viele Hundehalter sind der Meinung, es reicht aus, grundsätzlich nur den Namen des Hundes zu rufen. Was aber soll denn Ihr Hund tun? Soll er den Ball holen, soll er bügeln oder die Schnitzel in der Pfanne fressen? Auch Hunde sind keine Hellseher und können nur die Kommandos befolgen, die Sie dem Hund gelehrt haben. Sie können ihrem Hund 100 verschiedene Kommandos beibringen, er wird aber nicht eines davon befolgen, wenn Sie ihm nicht sagen, was er tun soll.
- Sie können ja gern einen Test machen. Laufen Sie einfach mal durch Ihre Wohnung und rufen permanent den Namen Ihres Sohnes. Ihr Sohn wird Ihnen zurufen: „Ja" oder „Was ist denn?", aber er wird nicht einfach so ohne weiteres zu Ihnen kommen. Rufen Sie aber den Namen Ihres Sohnes und fügen Ihren Wunsch an den Namen an - Beispiel: „Max, kommst du mal bitte her", dann wird Ihr Sohn zu Ihnen kommen. Sagen Sie Ihrem Hund ganz simpel, was Sie von ihm wollen, am besten mit kurzen knappen Kommandos, und verbinden Sie den Namen des Hundes immer mit dem auszuführenden Kommando.

Diese Hunde kommen auch unter Ablenkung sofort zurück. Training mit anderen Hunden ist sehr wichtig.

- Der Name des Hundes sollte nicht laufend grundlos gerufen werden. Er soll dazu dienen, dass der Hund Sie anschaut. Das hat den Vorteil, dass man Sichtzeichen verwenden kann und der Hund aufmerksam ist.
- Wenn der Hund seinen Namen hört, wird er schauen. In dem Moment unterstützen Sie das Kommen, indem Sie mit freundlicher Stimme das Hörzeichen geben und gleichfalls den Hund animieren, zu Ihnen zu kommen. Rascheln Sie mit einem Spielzeug oder klopfen Sie sich auf die Schenkel. Bei Ihnen muss etwas los sein! Sie müssen sich manchmal auch zum „Clown" machen, Hauptsache der Hund kommt zu Ihnen. Wenn er sofort kommt, belohnen Sie ihn mit hoher, freundlicher Stimme sowie einem Leckerchen. Bitte machen Sie nicht den Fehler, dem Hund als Bestärkung für richtiges Verhalten ständig auf dem Kopf herum zu tätscheln. Viele Hunde mögen dies nicht und zeigen später ein Meideverhalten. Sie kommen nicht mehr bis zu Ihnen heran, sondern bleiben einen Meter vor Ihnen stehen. Wenn Sie ihren Hund unbedingt anfassen müssen, dann klopfen Sie ihm sanft auf die Schulter.
- Belohnen Sie den Hund sofort, wenn er bei Ihnen ist, und fügen keine weiteren Kommandos hinzu. Einer der häufigsten Fehler ist, dass beim Ankommen das Kommando SITZ und erst dann die Belohnung gegeben wird. Wenn der Hund zu diesem Zeitpunkt belohnt wird, bestätigen Sie mit Ihrem Leckerli aber die Ausführung der SITZÜBUNG und nicht das korrekt ausgeführte Kommando HIER. Prägen Sie sich gut ein: Der Hund ist bei Ihnen, es folgt sofort die Bestätigung mit einem Leckerchen. Erst danach kommt das Kommando SITZ.
- Ein weiterer Fehler ist das zu späte Belohnen. Wenn der Hund schon wieder beim Gehen ist, weil Sie ewig nach dem Leckerchen suchen, belohnen Sie das Weggehen und nicht wie geplant das Kommen. Überlegen bzw. planen Sie Ihre Übungen und nehmen schon vorher ein Leckerchen zur Hand.

- Fangen Sie Ihren Hund niemals ein. Es gibt Hundehalter, die dazu neigen, den Hund festzuhalten, damit er nicht gleich wieder ausreißt, nachdem er das Kommando befolgt hat. Hunde gewöhnen sich sehr schnell an Abläufe und lassen sich ungern einfangen und herumzerren. Druck erzeugt immer Gegendruck. Nehmen Sie in diesem Fall mehrere Leckerchen in die Hand und belohnen den Hund fürs Kommen. Damit er aber nicht gleich wieder wegläuft, locken Sie den Hund mit dem nächsten Leckerchen an Sie heran. Lassen Sie ihn dann hinsetzen, um Ruhe in diese Übung zu bringen. Wenn der Hund ruhig bei Ihnen sitzt und Sie schön anschaut, bekommt er das Leckerli. Dann fügen Sie noch das Freigabekommando an und Ihr Hund darf wieder laufen.
- Wenn das Kommando HIER sicher klappt, fangen Sie an, das SITZ gleich mit zu verbinden. Der Hund wird nach einigen Wiederholungen ganz schnell begreifen: Ich soll kommen und sitzen. Verwenden Sie dazu auch Ihre Sichtzeichen.
- Somit bekommen Sie immer erst einmal Ruhe in Ihre Übungsabläufe und Ihr Hund lernt konzentriert und wird nicht hektisch.
- Viele Hunde kommen zwar schnell zu Ihren Besitzern, nehmen genauso schnell das Leckerchen und ehe man sich versieht, sind sie schon wieder weg. Daher geben Sie den Hund nach der KOMM/SITZ-Übung auch immer wieder mit einem Kommando, wie zum Beispiel AB oder LAUF, frei. Somit lernt Ihr Hund gleich, dass er nicht ohne Ihr Kommando weitergehen darf und wird brav warten.
- Die nachfolgende Bilderserie zeigt Ihnen den korrekten Ablauf.

1. Ines geht vom Hund weg, Charly soll sitzen bleiben
2. Nachdem er Blickkontakt mit Ines hat, ruft sie ihn ab
3. Charly läuft zum Frauchen

Brav wartet Charly, bis er abgerufen wird.

Sofort läuft er ohne anzuhalten oder schnüffeln zu gehen zum Frauchen.

In dem Moment, in dem Charly beim Frauchen ankommt, gibt sie ihm das Leckerchen. Somit wurde Charly für das korrekte Kommen belohnt.

Erst nachdem Charly für das Kommen belohnt wurde, gibt Ines das Kommando SITZ und hebt den Zeigefinger nach oben.

- Eine weitere schöne Übung zum Konditionieren des Kommandos HIER ist der Richtungswechsel. Sie drehen sich einfach ohne etwas zu sagen um und gehen in die entgegengesetzte Richtung. Sobald Ihr Hund merkt, dass Sie sich entfernen, wird er angefegt kommen. Diese Situation nutzen Sie aus. Wenn der Hund auf Sie zukommt, geben Sie automatisch das Kommando HIER, so dass der Hund sein Kommen gleich noch mal mit dem Kommando verknüpft. Bitte vergessen Sie nicht den Hund zu belohnen, wenn er da ist. Er muss merken, dass Kommen etwas ganz Besonderes ist, und Sie sich riesig darüber freuen.
- Das funktioniert auch mit anderen Übungen wie SITZ und PLATZ sehr schön. Ihr Hund setzt oder legt sich von alleine hin und Sie sagen gleich SITZ oder PLATZ dazu.
- Des weiteren bauen Sie immer noch Versteckspiele in Ihre Spaziergänge ein. Wenn der Hund vor Ihnen läuft, verstecken Sie sich ganz leise hinter einem Baum. Der Hund sucht dann automatisch nach Ihnen und Sie können ihn wieder fürs Kommen belohnen.
- Durch solche verschiedene Übungen lernt Ihr Hund, auf Sie aufzupassen und nicht umgekehrt. Wenn ich mit meinem Hund unterwegs bin, komme ich gar nicht dazu, mich hinter einem Baum zu verstecken, da der Hund immer schaut, ob ich noch da bin. Indem Sie die Aufpasserrolle umkehren, ersparen Sie sich eine Menge Stress. Ihr Hund soll lernen, sich an Ihnen zu orientieren und aufzupassen, ob Sie noch da sind.
- Erst wenn der Hund sicher zurückkommt, fangen Sie mit dem Einbau verschiedener Ablenkungen an. Verabreden Sie sich mit einem anderen Spielgefährten, der allerdings auch eine gute Erziehung genossen haben sollte. Es bringt nichts, wenn der andere Hund nicht hört, nicht zurückkommt und sich Ihr Hund an dem unerzogenen Hund orientiert. Schließlich wollen Sie diese Übung ja festigen. Wenn der andere Hund sicher zurückkommt, wird Ihr Hund automatisch auch mit zurückkommen. Zur Absicherung können Sie eine 10m Schleppleine mitnehmen und gegebenenfalls benutzen.

**Was tun, wenn der Hund überhaupt nicht reagiert?**

- Dann müssen Sie den Hund an eine Schleppleine nehmen. Wir gehen wieder nach dem gleichen Schema vor: Hund rufen..... Wenn der Hund nicht kommt, nehmen wir das Ende der Leine und ziehen den Hund vorsichtig zu uns. Wir gehen nie zum Hund hin, schließlich soll er ja kommen und nicht wir.
- Ansonsten gleicher Aufbau wie oben beschrieben!
- Außerdem Übungsplan Schleppleine beachten!

**Wichtige Tipps**

- Wenn Sie stupide neben Ihrem Hund herlaufen und nicht mit ihm spielen bzw. ihn fördern und fordern, müssen Sie sich nicht wundern, dass Ihr Hund lieber einen Hasen jagt, ein riesengroßes Loch buddelt oder vielleicht einen Jogger zum Fressen gern hat.
- Bauen Sie in den Spaziergang auch immer Übungen des Grundgehorsams wie SITZ, PLATZ und BLEIB ein. Lernen Sie immer in kurzen Einheiten, der Hund sollte bei Beendigung der Übungen noch Spaß daran haben und noch voll bei der Sache sein.
- Konditionieren Sie den Hund auf ein Spielzeug. Am besten auf einen Ball mit Kordel. Diesen Ball gibt es nur auf dem Spaziergang, er ist sonst nicht zur freien Verfügung.
- Den Hund nicht nur zum Anleinen rufen.
- Dem Welpen beim Kommen noch keine Befehle entgegen rufen.
- Nie aussichtslos rufen, wenn die Situation zu schwer für Ihren Hund ist und Sie wissen, dass er sowieso nicht kommt. Sie bringen dem Hund ansonsten dadurch bei, Ihre Kommandos nicht zu befolgen.
- Dem Hund nie hinterher rennen, er könnte es als lustiges Fangspiel auffassen. Sie laufen immer vom Hund weg und machen sich interessant.

- Spaziergänge anfangs nur in reizarmer Umgebung.
- Situationen geschickt ausnutzen: Kommt der Hund gerade zu Ihnen, fügen Sie noch das entsprechende Kommando hinzu.
- Beim Abrufen niemals dem Hund entgegengehen, sonst kann es passieren, dass er sich auf der Hälfte umdreht und weiterläuft, oder er bleibt stehen und wartet, bis Sie da sind.
- Rufen Sie den Hund nicht nur, wenn er wirklich kommen muss, sondern auch zwischendurch. Werden Hunde nur gerufen, weil jemand kommt oder eine Gefahr droht, werden sie erst einmal Ausschau halten, was denn überhaupt los ist.

## STEH

Die Einführung des Kommandos STEH ist gerade für große, gewichtige Rassen sehr vorteilhaft. Mit zunehmendem Alter fällt es Ihnen schwer aufzustehen. Auch wenn Hunde krankheitsbedingt an den Hüften, den Gelenken oder den Bandscheiben Probleme haben, ist es sinnvoll, dieses Kommando zu kennen.

STEH kann man üben, indem man dem Hund als Hilfe die Hand unter den Bauch legt. Viele Hunde versuchen sich gleich zu setzen. Durch die führende Hand wird das verhindert. Dann erfolgt wieder die Bestätigung über ein Leckerchen und Sie sagen das Kommando dazu. Sie können den Hund auch SITZ machen lassen und nehmen ein Leckerchen zur Hand. Dieses Leckerchen ziehen Sie ganz langsam vom Hund weg, so dass er dem Leckerchen folgt. Sobald er steht, geben Sie das Leckerchen frei und sagen wieder das entsprechende Kommando dazu. Aber Vorsicht, wenn Sie das Leckerchen zu schnell nach vorn ziehen, wird der Hund noch Schritte einfügen. Er soll aber nur stehenbleiben, also schön langsam.

## ZURÜCK AUF DEN WEG

Wenn Sie oft auf Wegen spazieren gehen, die üppig bewachsen sind, empfehle ich Ihnen sehr, das Kommando ZURÜCK AUF DEN WEG oder RAUS DA zu konditionieren. Im Gebüsch warten Ungeziefer, Vögel, Zecken und Unrat, den unsere Hunde sehr gern vertilgen. Ich bevorzuge es, wenn meine Hunde sich dort nicht aufhalten. Unser Rüde hat sich bei einem Ausflug an einem Busch verletzt. Er hatte einen Dorn im Auge stecken, der nur unter Narkose entfernt werden konnte. Zum Glück hat er keine weiteren Folgeschäden davon getragen. Viele Hunde nutzen es aus, dass in Sträuchern Vögelchen sitzen, sie scheuchen sie auf und beginnen somit ihr Jagdverhalten aufzubauen. Leider sehen wir meistens zu spät, was es Fressbares gab und bemerken nur noch, dass unser Hund etwas verschluckt. All diese Probleme können Sie vermeiden, indem Ihr Hund einfach auf dem Weg bleiben muss.
Seien Sie aufmerksam und verbieten dem Hund sofort, am besten schon im Ansatz, in die Büsche und Sträucher zu rennen. Gehen Sie zum Hund hin, nehmen ihn am Geschirr und führen ihn auf den Weg zurück. Ihr Hund wird recht schnell verstehen, was Sie von ihm wollen. Sobald er wieder in die Richtung möchte, verwenden Sie ihr Verbotskommando NEIN.

## SUCH

Suchaufgaben sollten bei Ihnen mehrmals täglich auf dem Programm stehen. Die Beschäftigung über die Nase fordert und fördert den Hund. Es liegt in seinem Naturell, die Nase einzusetzen. Durch entsprechendes Training können Hunde Höchstleistungen vollbringen. Nutzen Sie daher diese wunderbare Auslastungsmöglichkeit und bauen kleine oder auch große Suchaufgaben ins Training ein.

Das Kommando SUCH lässt sich ganz einfach erlernen. Nehmen Sie ein Leckerchen zur Hand und werfen es weg. Geben Sie dazu das Kommando SUCH. Bitte machen Sie keinen Weitwurf aus der Übung, der Hund muss sehen, dass Sie ein Leckerchen wegwerfen. Wenn er gerade schaut, was der Jogger hinter ihm macht, brauchen Sie mit dieser Übung nicht anzufangen.

Sie müssen grundsätzlich vorher die Aufmerksamkeit des Hundes auf sich lenken, und dann kann es losgehen. Steigern Sie auch hier langsam den Schwierigkeitsgrad.

**BRING**

Ich habe aufgehört zu zählen, wie viele Hundehalter ihren Hund völlig unterschätzen: „Er bringt nichts, ich glaube er ist blind und sucht nicht, das kann er nicht und, und, und......".
Auch Hunde müssen erst lernen. Dazu gehören das Spielen, das Bringen, das Suchen und viele andere Kommandos.
Unsere Kinder könnten heute auch nicht schreiben und rechnen, wenn sie es nicht gelernt hätten. Ich weiß nicht, warum man bei Hunden oft davon ausgeht, dass es Naturtalente sein müssen. Wie kann denn ein Labrador (Apportierhund) den Ball nicht zurück bringen? Jeder Hund ist individuell, auch innerhalb einer Rasse. Jeder Hund wurde anders geprägt. Die ersten Wochen spielen daher eine so wichtige Rolle. Bisher konnte ich jeden Hundehalter davon überzeugen, dass der Hund es doch kann. Es gibt keine dummen Hunde, es gibt nur Halter, die es nicht besser wissen und somit Ihrem Hund nichts lehren können. Gerade bei der Bringübung sind viele Hundehalter sehr ungeduldig. Klappt es nicht gleich, kann der Hund es nicht. Aber auch das Kommando BRING ist relativ einfach zu bewältigen. Nehmen Sie das Lieblingsspielzeug und werfen es ca. 1 m vor Ihren Hund. Er wird hinrennen und das Spielzeug aufnehmen. Sobald er es hat, bieten Sie ihm ein Tauschgeschäft an: Spielzeug gegen ein tolles Leckerli. Bauen Sie das Training nun weiter aus. Werfen Sie das Spielzeug weiter weg, ca. 2 m. Wenn der Hund auf dem Weg zu Ihnen ist, laufen Sie noch ein wenig rückwärts, um den Hund anzulocken, Blickkontakt aber immer zum Hund. Sobald er bei Ihnen ist, tauschen Sie wieder Spielzeug gegen tolles Leckerli. Auf diese Art und Weise können Sie die Entfernung langsam steigern. Der größte Fehler liegt darin, dass Gegenstände am Anfang zu weit geworfen werden und die Strecke zurück dadurch sehr lang wird. Hunde, die Spielzeug nicht mögen, können auch über einen Futterdummy das BRINGEN lernen. Üben Sie das BRINGEN des Futterdummys erst einmal zu Hause in einem geschlossenen Raum. Viele Hunde wollen sich mit dem Futterdummy aus dem Staub machen, die Beute sichern und in Ruhe fressen. Zum Absichern können Sie auch eine Schleppleine verwenden. Die Arbeit mit Stöckchen ist nicht zu empfehlen, da es zu bösen Verletzungen im Rachenraum oder im Brustkorbbereich kommen kann.

Jaska fliegt regelrecht zurück zum Frauchen, vielleicht darf sie das Spielzeug noch mal bringen

Trotz Ablenkung bringt Amy ihr Spielzeug zurück

**WARTE oder HALT**

Ich finde es sehr praktisch, wenn Hunde unterwegs an einer bestimmten Stelle auf mein Kommando stehen bleiben und warten können. Gerade an Kreuzungen, die man nicht einsehen kann, hat man so die Möglichkeit erst einmal zu schauen und dann zu entscheiden, ob der Hund weiter laufen darf. Hierfür sollte der Hund die BLEIB Übung schon kennen. Ob sich der Hund dabei setzt oder stehen bleibt, ist nicht wichtig, Hauptsache er verharrt an dieser Stelle.

Biggy schaut Christian an und ist aufmerksam

**SCHAU**

Was wollen Sie Ihrem Hund vermitteln, wenn er Sie nie anschaut. Ich habe meinen Hunden dieses Kommandos immer als Erstes beigebracht, da es für das tägliche Training unbedingt erforderlich ist. Bei Problemlösungen, bei Spielen oder beim Training ist die Aufmerksamkeit zu Ihnen eine wichtige Vorraussetzung. Wenn der Hund Sie aber permanent ignoriert und nicht anschaut, werden Sie keine Erfolge in der Hundeerziehung verbuchen können und Probleme eher hervorrufen, als sie zu bewältigen.

Die Konditionierung erfolgt über den Namen des Hundes. Sie üben wieder erst einmal ohne Ablenkung zu Hause. Rufen Sie einfach den Namen Ihres Hundes. Wenn er Sie anschaut, sagen Sie SCHAU dazu und er bekommt ein Leckerchen. Nachdem es zu Hause auch mit Ablenkung sicher funktioniert, bauen Sie die Übung in den Spaziergang ein. Natürlich zunächst ohne Ablenkung. Diese steigern Sie wieder in kleinen Schritten. Ihr Hund lernt, dass es sich lohnt nach Ihnen zu schauen, wenn Sie rufen. Die meisten Hunde arbeiten gern und bieten sogar selbstständig ihre Aufmerksamkeit an. Wenn Sie das erreichen, haben Sie einen Hund an Ihrer Seite, der alles für Sie tun wird.

## NEIN, AUS, PFUI

Ich selbst verwende gern das Kommando NEIN, da man es sehr schön betonen kann. Lernziel dieses Kommandos ist es, dass der Hund das gerade gezeigte Verhalten zu unterlassen hat und zwar ohne Wenn und Aber. Das Kommando kann man über ein Leckerli sehr schön verknüpfen. Üben Sie dieses Kommando ohne Ablenkung am besten zu Hause. Setzen Sie sich mit auf den Fußboden und legen ein tolles Leckerli vor den Hund. Wenn der Hund es einfach nehmen will, halten Sie sofort Ihre Hand darüber und sagen energisch NEIN. Mit energisch meine ich nicht, dass Sie Ihren Hund in einem Kasernenton in Angst versetzen sollen, sondern dass Sie Ihre Stimme bestimmend und ernst einsetzen. Die richtige Betonung ist hierbei besonders wichtig. Es nützt Ihnen nichts, wenn Ihr NEIN in der gleichen Stimmlage ausgesprochen wird, wie Ihr FEIN. Testen Sie doch mal das Verhalten Ihres Hundes, indem Sie in einer ganz freundlichen Stimme zu Ihrem Hund sagen: „Du bist ein saublöder Hund". Ihr Hund wird sich nach diesem Satz freuen, aber warum? Ihr Hund versteht nur die Tonlage und sieht Ihre Körperhaltung, aber er versteht nicht den Sinn des Satzes. Sie können den Test auch umgekehrt probieren: Sagen Sie in einem ernstes Ton: „Du bist ein toller Hund". Ihr Hund wird die Ohren anlegen und nicht wissen, warum Sie so miese Laune haben, aber den Sinn des Satzes hat er wieder nur mit Ihrer Stimmlage verknüpft.
Wenn Ihr Hund den Garten gerade in eine Mondlandschaft verwandelt und Sie das NEIN mit einer freundlichen Betonung aussprechen, wird er sich freuen und mit noch mehr Elan bei der Sache sein. Wenn Sie das NEIN aber in einer energischen ernsten Tonlage aussprechen, wird Ihr Hund auch merken, oh... ich soll das Buddeln lassen.

# Trainingsausstattung für einen Spaziergang

**Hundepfeife**

Die Hundepfeife kann man sehr schön als Ersatz für das Kommando HIER oder KOMM HER verwenden. Die Hundepfeife eignet sich für Hundehalter, die ihre Stimme nicht gut einsetzen können, eine sehr leise Stimme haben oder sehr unsicher sind. Damit der Hund versteht, dass ein Pfiff bedeutet „Ich muss schnell zu Herrchen oder Frauchen gehen", bedarf es natürlich einer Konditionierung auf die Hundepfeife. Viele Hundehalter denken: „Ich pfeife einfach mal und mein Hund kommt". Natürlich wird er nicht kommen, denn woher soll er wissen, dass er gemeint ist.

**Trainingsplan:**

**Erste Woche**

Die Fütterung der Hunde sollte zweimal täglich erfolgen, und natürlich immer nach dem Spaziergang. Sie würden ja auch nicht mit vollem Magen joggen gehen. Außerdem kann man so das Risiko einer Magendrehung minimieren.

Somit können Sie die Übung immer morgens und abends konditionieren. Welpen bekommen meistens noch 3-4 mal täglich Futter. Üben Sie auch hier zu jeder Mahlzeit.

Gehen Sie wie folgt vor:

- Fressnapf fertig machen und hinstellen: Wenn der Hund beim Fressen ist, pfeifen Sie zweimal (einen Doppelpfiff) in die große Seite der Pfeife.
- Die Pfiff-Übung immer nur einmal pro Mahlzeit ausführen und die Pfeife wieder weg tun.
- Diese Übung eine Woche lang zu den Mahlzeiten wiederholen.

**Zweite Woche**

- Fressnapf fertig machen, der Hund sollte sich allerdings im Garten oder in einem anderen Raum befinden.

- Dann Doppelpfiff ausführen – Ihr Hund hat in der ersten Woche verknüpft „Fressen = Pfiff"
- Wenn der Hund kommt, stellen Sie den Napf als Belohnung/ Jackpot herunter.

**Dritte Woche**

Nun beginnt die Umlegung auf den Spaziergang.

- Doppelpfiff ausführen – Ihr Hund kommt. Als Belohnung halten Sie ihm die Leckerlitüte als Jackpot hin, sozusagen als Napfersatz . Lassen Sie den Hund ein paar Leckerchen nehmen und loben ihn mit freundlicher Stimme.
- Üben Sie anfänglich ohne Ablenkung und pfeifen nicht unkontrolliert hintereinander.
- Verwenden Sie immer den gleichen Ton, am besten eignen sich Büffelhornpfeifen, da man bei lautlosen Pfeifen sehr schnell unsicher wird und der Ton versehentlich verstellt werden kann.
- Lautlose Pfeifen am besten mit Sekundenkleber festkleben

Nach drei Wochen sollte die Hundepfeife konditioniert sein. Bitte verkürzen Sie diesen Trainingsplan nicht. Sie brauchen diese 3 Wochen, um die Pfeife sicher zu verknüpfen. Üben Sie auch danach täglich, da der Hund das Kommando sonst wieder verlernt und alle Mühe umsonst war.

Sollten Sie in Woche 2 merken, dass Ihr Hund nicht auf den Pfiff kommt, verlängern Sie die Übung von Woche 1 noch einmal um eine Woche und legen als zusätzlichen Ansporn zum Futter immer noch ein ganz besonderes Leckerchen dazu. Manche Hundetrainer konditionieren die Hundepfeife über die Schleppleine. Dieser Weg wird sicherlich auch zum Ziel führen, doch mit dem Übungsaufbau über den Fressnapf habe ich wesentlich bessere Erfahrungen gemacht.

Die Hovawartzüchter Gabriele und Jörg Rilling aus Hannover haben die Welpen des B-Wurfes vom Storchennest bereits im Alter von vier Wochen auf eine Hundepfeife konditioniert. Es hat nur wenige Tage gedauert, bis alle 13 Welpen begriffen hatten, was der Pfiff bedeutet. Egal, ob die Welpen geschlafen oder gespielt haben, aus jeder Ecke des Welpenfreilaufes kamen die kleinen Racker angestürzt, um an der Futterrinne zu fressen.

## Schleppleinentraining

- Die Schleppleine ist ein sehr sinnvolles Hilfsmittel, um unerwünschtes Verhalten Ihres Hundes zu korrigieren bzw. abzugewöhnen.
- Ich verwende grundsätzlich eine 10m Leine, da 5m meist zu kurz und 20m auf Grund der Länge schwierig zu händeln sind.
- Wenn Sie eine Schleppleine benutzen, muss der Hund unbedingt ein Geschirr tragen. Bei Benutzung eines Halsbandes kann es zu schwerwiegenden Verletzungen der Halswirbelsäule, des Kehlkopfes, der Schilddrüse und der Luftröhre kommen.
- Zuerst machen Sie am Ende der Leine einmal bei ca. 8m und 9m einen großen Knoten. Wenn die Leine am Boden schleift, erkennen Sie durch die Knoten schneller das Ende der Leine. Sie haben also 2m Zeit, um auf die Leine zu treten und dem Hund keinen weiteren Spielraum zu lassen. Außerdem bleibt ein Knoten besser am Schuh hängen, eine glatte Leine kann eventuell unter der Sohle durchrutschen.
- Ein weiterer gut gemeinter Rat ist: Nehmen Sie die Leine nie einfach so in die Hand. Entweder Sie lassen sie am Boden schleifen und treten auf die Leine, oder Sie benutzen die Handschlaufe. Hunde können plötzlich und unerwartet losrennen und die Leine würde somit böse Brandblasen an den Handflächen und Fingern hinterlassen.
- Der Einsatz der Schleppleine bietet sich hervorragend zum Üben des Hörzeichens HIER, zum Korrigieren bzw. Abgewöhnen des Buddelns und der Unterbindung des Jagdtriebes an.
- Wenn Ihr Hund macht, was er will, können Sie durch Benutzung der Schleppleine auch auf Entfernung schnell einwirken.

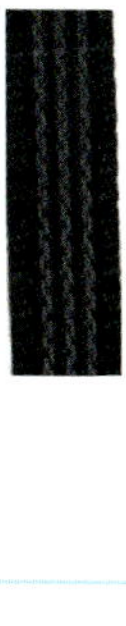

Super-Grip-Leinen haben eine rutschfeste Oberfläche

- Wollen Sie bei Ihrem Hund das Jagdverhalten in den Griff bekommen, dann muss die Schleppleine immer, aber wirklich auch immer, benutzt werden. Sobald der Hund durch Ihre Unachtsamkeit wieder jagen konnte, fangen Sie mit dem Training wieder bei NULL an und werden nie am Ziel ankommen. Das müssen Sie je nach Lernverhalten und Rasse ca. 3-6 Monate konsequent durchführen. Es gibt auch Hunde, die ein Leben lang nur an der Schleppleine geführt werden können.
- Ich verwende gern Super-Grip-Leinen. Diese haben eine rutschfeste Oberfläche. Wenn der Hund leicht anruckt, hat man einen sehr guten Halt.
- Wickeln Sie sich eine Leine niemals um das Handgelenk. Sie haben im Notfall keine Möglichkeit, die Leine fallen zu lassen, sondern werden vielleicht noch hinterher gezogen und verletzen sich bösartig.

**Die Schleppleine kann man einfach hinterher schleifen lassen und bei Bedarf drauf treten. Hunde, die jagen und nicht zurückkommen, gehören grundsätzlich an eine Schleppleine!**

## Der Einsatz des Clickers in der Hundeerziehung

Der Trick mit dem Click...... oder nur Blödsinn?

Hat Ihr Hund Langeweile?
Hat er nur Unsinn im Kopf?
Ist Ihr Hund geistig unterfordert?
Möchten Sie Ihrem Hund unerwünschtes Verhalten abgewöhnen?
Möchten Sie Ihrem Hund Kunststückchen oder einfach nur gute Manieren beibringen?

Dann eignet sich der Clicker hervorragend.

Immer wieder werde ich mit der Frage konfrontiert, warum man nicht ein Kommando zum Bestätigen nehmen kann oder ein Leckerli. Natürlich kann man das, aber es hat nicht die gleiche Wirkung wie der Click.
Der Einsatz des Clickers ist gerade für Menschen sehr zu empfehlen, die nicht mit ihrer Stimme arbeiten können. Es gibt Hundehalter, die NEIN und FEIN in dergleichen Tonlage aussprechen und dem Hund damit nicht zu verstehen geben können, was sie eigentlich von ihm wollen. Hinzu kommen auch gesundheitliche Beeinträchtigungen, zum Beispiel nach Operationen an der Schilddrüse oder im Hals- und Rachenbereich. Oft sind die Stimmbänder in Mitleidenschaft gezogen bzw. man darf nicht viel sprechen.
Mit dem Clicker kann man auch auf Entfernung immer zum richtigen Zeitpunkt bestätigen. Das gleiche gilt auch beim Aufbau von Verhaltensketten. Gerade bei Trickübungen ist der Clicker eine große Hilfe. Das Erlernen und Festigen von Grundkommandos ist mit dem Clicker sehr wirkungsvoll.
Ich kann jedem Hundehalter nur empfehlen, das Clickertraining auszuprobieren. Wer es nicht tut, weiß nicht, was er verpasst hat.

**Clickertraining eignet sich für jede Rasse und kann unabhängig vom Alter erlernt werden**

**Was ist denn Clickertraining nun eigentlich**

Der Hund wird, ähnlich wie bei der Hundepfeife, auf ein bestimmtes Geräusch konditioniert. Viele werden aus Ihrer Kindheit noch einen Knackfrosch kennen, mit dem ein Clicker vergleichbar ist.

Clickertraining ist ein wissenschaftlich begründeter Weg zur modernen Hundeerziehung. Diese Methode erleichtert die Verständigung zwischen Mensch und Hund und ist leichter zu erlernen als das übliche, auf Kommandos basierende Training.
Unabhängig vom Ausbildungsstand, vom Alter und von der Rasse eignen sich alle Hunde zum Clickern. Der Hund lernt ausschließlich über positive Bestärkung des gewünschten Verhaltens. Unerwünschtes Verhalten wird stets ignoriert. Die geistige Betätigung schult Ihren Hund und lässt keine Langeweile aufkommen. Unarten und Ungehorsam lassen sich hervorragend korrigieren, Kunststückchen, Grundgehorsam, Leinenführigkeit viel leichter erlernen.

Clickertraining ist nicht schwer. Jeder Hund lässt sich mit Clickertraining ausbilden und erziehen. Es gibt allerdings Hunde, die am Anfang Angst vor dem Geräusch haben. Hier verwenden Sie einen Trick, indem Sie ein Taschentuch um den Clicker wickeln und somit das Geräusch vermindern. Mittlerweile gibt es aber auch Clicker, bei denen man die Lautstärke einstellen kann. Bei geräuschempfindlichen Hunden verwende ich den Clicker erst einmal nur im Freien und nicht in geschlossenen Räumen.

Um den Hund auf den Clicker zu konditionieren, verwenden wir besonders tolle Leckerchen. Somit ist der Einstieg relativ einfach, denn die

meisten Hunde lieben Futter über alles und würden auch alles dafür tun. Ich nehme gern gekochtes Rinderherz, Hähnchenfleisch oder Hähnchenherzen. An selbstgekochten Leckerlis sind keine Gewürze. In Käse und Würstchen sind meistens Zusatzstoffe enthalten. Der Hund soll also lernen, das Clickergeräusch mit etwas Angenehmen zu verbinden.

**Die Konditionierung des Clickers**

Der erste Schritt ist die Konditionierung des Clickers. Das Geräusch des Clickers bedeutet dem Hund zunächst gar nichts. Er wird sich vielleicht kurz dafür interessieren oder sogar erschrecken. Im Moment ist der Clicker noch gleichgültig für ihn, und er misst diesem Geräusch keine Bedeutung zu. Das wollen wir jedoch ändern. Der Click soll dem Hund vermitteln, er hat etwas richtig gemacht. Das erreichen wir, indem es nach jedem Click unmittelbar ein Leckerchen gibt. Diese Übung wiederholen Sie mehrmals hintereinander. Die meisten Hunde begreifen das sehr schnell.

Die Reihenfolge ist immer:

- Zuerst der Click, dann das Leckerchen. Es wird immer nur einmal geclickert. Erst kommt der Click, dann geht die Hand zu den Leckerchen.
- Stecken Sie eine große Portion Leckerchen ein. Wie bereits beschrieben, sehr schmackhafte Leckerlis. Bitte verwenden Sie kein hartes oder trockenes Futter, das der Hund ewig kauen muss.
- Nun clicken Sie einmal und geben dem Hund sofort ein Leckerchen. Wiederholen Sie diese Übung mehrmals, einfach Click und Leckerchen, mehr nicht. Achten Sie aber darauf, das Leckerchen erst nach dem Click in die Hand zu nehmen. Wenn Sie das Leckerchen schon vorher in der Hand haben, lernt Ihr Hund, immer nur nach Ihren Leckerchen zu schauen.
- Üben Sie in einer ablenkungsarmen, gewohnten Umgebung. Sie geben dem Hund kein Kommando und reden auch nicht mit ihm. Er soll sich auf das Clickergeräusch konzentrieren. Immer nur Click und Leckerli.
- Dann können Sie anfangen zu variieren: Nach dem Click geben Sie das Leckerli mal aus der Hand, mal werfen Sie es weg.
- Verlagern Sie die Trainingseinheit in verschiedene Zimmer, in den Garten und schließlich auch auf die Gassirunde.
- Testen Sie immer wieder, wie der Hund an allen Übungsplätzen reagiert.
- Wenn er auf den Click immer sofort den Kopf in Ihre Richtung dreht und sich bei Ihnen ein Leckerchen abholen möchte, ist der Clicker konditioniert.

Das zunächst neutrale Geräusch des Clickers hat nun für den Hund eine Bedeutung bekommen: Futter!

Nun können Sie beginnen, den Clicker zum täglichen Training einzusetzen. Beachten Sie noch, niemals ohne Grund zu clickern. Verwenden Sie den Clicker nicht, um den Hund damit zu sich zu locken.

Eine Hundehalterin hat mir freudig in der zweiten Trainingsstunde berichtet, dass ihr Hund auf den Click sofort zurückkommt. Dieser Hund hatte sich gerade in einem Maulwurfkadaver parfümiert. Da der Hund das Kommando HIER nicht befolgte, kam der Besitzerin der Gedanke zu clicken, damit der Hund kommt, um sich ein Leckerli abzuholen. Die Idee an sich ist ja nicht schlecht, aber im Sinne des Clickertrainings fatal. Beim Clickern wird immer das Verhalten bestätigt, welches der Hund gerade richtig macht. Falsches Verhalten soll ignoriert werden. Die Hundehalterin hat in diesem Fall aber ein falsches Verhalten bestätigt, nämlich das Wälzen auf dem alten Maulwurf. Natürlich kam der Hund nach dem Clickton zur Besitzerin, da er das Geräusch mit einem Leckerchen verbunden hat. Was hat er aber eigentlich gelernt? Wenn ich mich auf dem Maulwurf frisch parfümiere, bekomme ich ein Leckerchen.

Dieses Beispiel zeigt deutlich, wie wichtig es ist, wirklich nur erwünschtes Verhalten zu bestätigen!

- Clickern ist Kopfarbeit und anstrengend.
- Steigern Sie langsam den Schwierigkeitsgrad und üben nicht zu lange. Lieber kurze als stundenlange Übungseinheiten. Trainieren Sie nie so lange, dass der Hund die Lust daran verliert.
- Beenden Sie die Trainingseinheit immer mit einem Erfolgserlebnis. Wenn eine neue Übung noch nicht funktioniert, verlangen Sie eine bekannte leichte Übung.
- Sollte der Hund sich nicht konzentrieren, überprüfen Sie die äußeren Bedingungen: Umgebung, Geräusche, Ablenkungen usw.— gegebenenfalls die Trainingsstelle wechseln.
- Bauen Sie immer nur eine Trainingssteigerung ein, um eventuell auftretende Probleme gleich erkennen und abstellen zu können.
- Verlangen Sie nie mehrere neue Übungen in einer Trainingseinheit.
- Der nächste Schwierigkeitsgrad wird erst hinzugefügt, wenn der Hund den ersten Schritt perfekt kann.

## Discscheiben/ Wasserflasche

Trainingseinheiten ohne die Benutzung eines Hilfsmittels aufzubauen, ist die beste Variante. Dennoch kommt man gelegentlich an Grenzen. Diese beiden Varianten sollen für den Hund ein Abbruchsignal bedeuten, bei dem er das gerade gezeigte Verhalten auch sofort zu unterlassen hat. Die Wasserflasche setze ich ein, wenn Hunde permanent kläffen. Allerdings unterscheide ich, ob das Kläffen nur durch eine Unter- oder Überforderung entstanden ist. Dann wäre es nicht die richtige Wahl. Hunde, die unterfordert sind, neigen dazu, sich Ersatzhandlungen anzugewöhnen. Ebenso tun dies Hunde, die zu viel gefordert werden und zu wenig Ruhephasen haben. Hunde, die zu sehr auf Spielzeug konditioniert sind, bellen oft, um endlich damit spielen zu können. Ein Problem kann viele Ursachen haben. Klären Sie diese vor dem Einsatz sorgfältig ab. Die Discscheiben verwende ich, wenn Hunde gern Unrat fressen. Bei Benutzung der Discscheiben muss man bedenken, dass ängstliche Hunde vor diesem Geräusch so erschrecken, dass sie ausreißen und sich somit in Gefahr begeben könnten.

**Niemals bei geräusch-empfindlichen Hunden benutzen!**

## Geschirr oder Halsband

Ein Brustgeschirr schont den empfindlichen Nacken- und Rückenbereich (Wirbelsäule) sowie den Kehlkopf, die Luftröhre und die Schilddrüse des Hundes. Dieser gesundheitliche Aspekt sollte Grund genug sein, vom herkömmlichen Halsband wegzukommen. Wissenschaftliche Erkenntnisse zeigen außerdem, dass die Kehle des Hundes eine hoch empfindliche, sensible Stelle ist.
Gerade Hunde, die noch nicht ordentlich an der Leine laufen können, werden dadurch enorm entlastet.
Versetzen Sie sich mal in die Lage eines Hundes. Stellen Sie sich vor, Sie hätten ein dünnes Band am Hals und von hinten würde jemand rucken, bzw. Sie wollten voller Elan nach vorn weglaufen. Nur der Gedanke daran bereitet mir schon Schmerzen im Kopf- und Nackenbereich. Bei einem Brustgeschirr wird der ganze Druck über den gesamten Brustkorb des Hundes verteilt.
Es ist nicht abwegig, dass Hunde durch entstehende Verspannungen in der Halswirbelsäule die gleichen Symptome zeigen wie Menschen. Wie soll uns der Hund nun aber mitteilen, dass er Kopfschmerzen hat oder ihm schwindelig ist? Hunde können Schmerzzustände relativ lange überspielen. Unser Hovawartrüde Benny hat Spondylosen an der Halswirbelsäule. An manchen Tagen hatte er starke Schmerzen. Wenn unsere Hündin ihn zum Spiel auffordern wollte, hat er nach ihr geschnappt. Der Hund hat auf seine Weise der Hündin mitgeteilt, dass er heute nicht spielen will oder kann. Aufgrund andauernder, unerkannter Schmerzzustände zeigen Hunde dann häufig auch ein aggressives Verhalten.
Ein weiteres wichtiges Kriterium ist die Leinenaggression. Hunde mit Halsband reagieren häufiger aggressiv, als Hunde mit Geschirr.

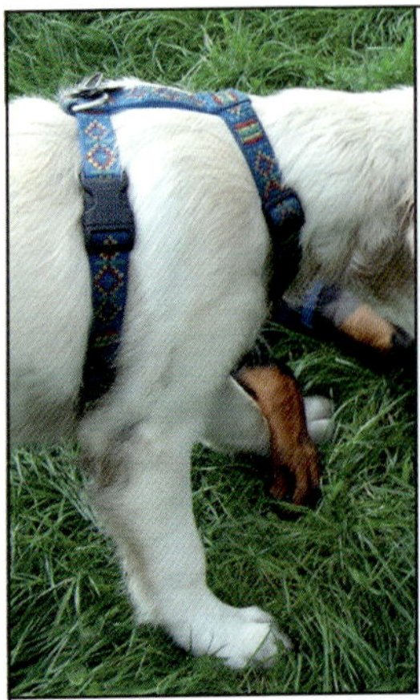

Empfehlen würde ich ein Geschirr, das auf beiden Seiten, also links und rechts, einen Klickverschluss hat. Diese Variante hat den Vorteil, dass man die Vorderpfoten des Hundes nicht anheben und durchstecken muss. Der Hund kann normal stehen bleiben und empfindet das Anlegen des Geschirrs nicht als unangenehm. Viele Hunde haben anfänglich Probleme damit. Verbinden Sie daher einfach diese Übung immer mit einer angenehmen Verknüpfung, zum Beispiel einem Leckerchen. Außerdem wird Ihr Hund bald gelernt haben, Geschirr anziehen bedeutet ......ich darf mit.

Das Geschirr sollte oben mit einem auf dem Rücken liegenden Steg verbunden sein. Den Mittelsteg kann man unterwegs auch mal schnell zum Festhalten des Hundes benutzen, ohne den Hund immer gleich an- und ableinen zu müssen.

Aber ein Brustgeschirr hat nicht immer nur Vorteile. Zum Beispiel bei Übungen, bei denen der Hund eng bei uns laufen muss, hat er mehr Freiraum als beim Halsband. Unsere Hündin Amy schaut sich am liebsten andere Einkaufstaschen an, es könnte ja was zu fressen drin sein. Natürlich mögen es nicht unbedingt alle Menschen, wenn sie neugierig nach der Tasche schaut. Mit einem Halsband könnte man den Hund in so einer Situation enger bei sich halten.
Ein weiterer Nachteil ist, dass Hunde schneller hängen bleiben können. Im Urlaub ist unser Rüde Benny am Seeufer saufen gegangen. Das Seeufer war mit dünnen Baumstämmen gesichert. Der Hund ist beim Hineinbeugen in den See mit dem Geschirr hängen geblieben und kam alleine nicht wieder hoch. Wären wir nicht unmittelbar zur Stelle gewesen, hätte der Hund ertrinken können. Häufig verfangen sich spielende Hunde mit den Pfoten in den Gurten des Geschirrs. Trotz der Nachteile nehme ich nach wie vor schon seit Jahren nur Geschirre für unsere Hunde. Allerdings hat man auch über die Qualität der Geschirre dazu gelernt. Wie heißt es so schön: Wer billig kauft, kauft zweimal ....oder vielleicht auch dreimal. Wichtig ist, dass die Geschirre richtig passen. Der Rückensteg sollte fest vernäht sein, da sonst das Geschirr ständig verrutscht. Damit das Brustgeschirr nicht unter den Achselhöhlen reibt, ist die Länge der Stege oben und unten wichtig.

Wer seinen Hund später auf Prüfungen führen möchte, sollte allerdings beachten, dass der Hund trotzdem an ein Halsband gewöhnt wird. Unsere Hündin hat bis zum 2. Lebensjahr immer nur ein Geschirr getragen. Für die Teilnahme an der Begleithundeprüfung musste ich die Hündin nun aber am Halsband führen, sogar an einem Kettenhalsband. Natürlich dachte meine Amy nicht im geringsten daran, mit diesem für sie blöden Halsband mitzulaufen. Wie ein kleines Zicklein versuchte sie sich aus dem Halsband zu winden, was ihr natürlich auch mehrmals gelang. Nach einer Woche Training mit tollen Leckerlis (gekochtes Rinderherz) hat sie das Halsband akzeptiert.

Auf diesem Foto kann man sehr schön die richtige Passform eines Geschirrs sehen. Es sollte nicht hin und herrutschen. Richtig sitzt es, wenn man noch einen Finger durchstecken kann. Der Bruststeg darf nicht zu weit abstehen, da die Hunde sonst hängen bleiben könnten.
Um das Fell zu schonen, sollte man das Geschirr zu Hause ablegen.

**Leine**

Bei Welpen empfehle ich grundsätzlich eine 3m-Leine, am besten ohne Handschlaufe, ohne Nieten und ohne Metallringe. Bewährt haben sich dünne Fettlederleinen oder rutschfeste Super-Grip-Leinen. Welpen wollen ihre Umwelt erkunden, daher ist es am Anfang nicht sinnvoll, eine zu kurze Leine zu wählen. An einer 3m-Leine können die Hunde sich frei bewegen, auch mal um Sie herumlaufen oder am Wegesrand herumschnüffeln. Bei einer zu kurzen Leine laufen Sie Gefahr, dass Sie Ihrem Hund unbewusst das Ziehen an der Leine beibringen. Gerade im Welpenkurs fällt mir immer wieder auf, dass die Hundehalter lieber Wert auf eine leichte Leine legen und mit einer dünnen 1m Leine kommen.
Wenn man sich nun mal genau betrachtet, wie viel Spielraum der Hund dann eigentlich noch zur Verfügung hat: Alleine von unserer Hand bis zum Welpen hinunter sind schon ca. 80 cm weg. Da hat der Hund noch ca. 20 cm, um nicht zu ziehen.

Hunde, die ab dem Welpenalter gleich gelernt haben, ordentlich an der Leine zu laufen, können an der 3m-Leine weiter trainieren. Da die meisten Hunde gerade in der Junghundephase noch einmal anfangen zu ziehen und mittlerweile je nach Rasse auch schon mächtig an Gewicht zugelegt haben, nehme ich lieber eine 2m-Leine. Bei größeren Rassen sollte die Leine 2,5cm breit sein, damit man die Hunde auch richtig halten kann.

**Halti**

Der Erfinder des Haltis bezieht sich unter anderem auf die Korrektur aggressiven Verhaltens und einen Einsatz in der kompletten Hundeausbildung. Durch die sogenannten Tier-Nanny-Sendungen entsteht bei vielen Hundehaltern der Eindruck, dass dieses Hilfsmittel das Nonplusultra ist.

Oft wird eine Dauerbenutzung empfohlen. Dies kann jedoch zu einer psychisch negativen Veränderung beim Hund führen. Durch Benutzung dieses Hilfsmittels wird permanent ein Dominanzgriff - ähnlich dem Schnauzengriff - nachgestellt. Der Kopf des Hundes wird bei Benutzung eines Haltis immer in Richtung Hundehalter gelenkt. Gerade bei aggressionsbedingten Verhaltenskorrekturen kam es schon oft vor, dass dieses Verhalten somit auf den Hundehalter umgelenkt wurde.

Ich kenne viele Hundehalter, die das Halti benutzen und das eigentliche Problem dadurch nicht gelöst haben. Auch wenn es länger dauert, packen Sie das Problem an der richtigen Stelle an. Ihr Einsatz wird sich lohnen. Ich kann dieses Hilfsmittel nicht empfehlen, und es kommt bei meinem Trainingsaufbau auch nicht zum Einsatz. Die Benutzung möchte ich Ihnen daher auch nicht weiter erläutern.

## Spielzeug & Zubehör

Ein Spielzeug gehört für unsere Hunde immer dazu. Dieses Spielzeug gibt es nie zur freien Verfügung, sondern wirklich nur auf der Gassirunde. Ich nehme gern Bälle mit einer Schnur. Bewährt haben sich auch Futterdummys. Ein Futterdummy ist eigentlich nichts anderes als eine verschließbare Futtertasche. Wer mit seinem Hund schon geclickert hat, kann den Hund auf dem Spaziergang damit wunderbar beschäftigen und erziehen. Ein weiteres tolles Hilfsmittel ist eine Hundepfeife. Wie man die Hunde auf solch eine Pfeife konditioniert, habe ich bereits im Kapitel Trainingsplan Hundepfeife genau erklärt.

Unser Sohn hat sich im Sommer 2008 eine Hovawarthündin gekauft. Er erzählte den Züchtern von dem Einsatz einer Hundepfeife. Die Welpen wurden bereits mit 4 Wochen auf die Pfeife konditioniert. Auf einen Doppelpfiff kamen 13 Welpen aus jeder Richtung zur Futterrinne gestürmt.

Egal ob die Welpen gerade gespielt oder geschlafen haben, wenn dieser Pfiff ertönte, haben das alle Welpen sofort mit Futter verknüpft und sind im Eiltempo gekommen. Bis heute sitzt das damals Erlernte, und auf Pfiff ist die nun mittlerweile 6 Monate alte Hovawarthündin sofort zu Stelle.

Der Vorteil der Hundepfeife ist - wie bereits erwähnt -, der immer gleich klingende Ton. Wenn wir merken, dass sich der Hund in Gefahr befindet, weil zum Beispiel ein Auto kommt, rufen wir automatisch in einer anderen Tonlage, als wenn keine Gefahr zu erkennen wäre. Der Hund wird sich wundern und eventuell nicht oder langsamer zurück kommen, da er nicht weiß, warum wir denn heute anders rufen als sonst.

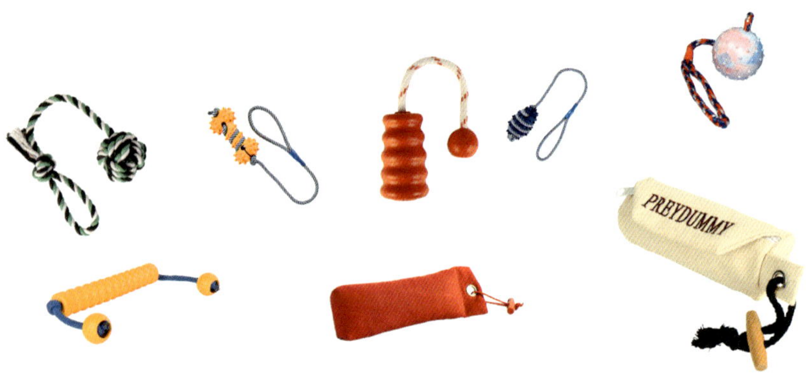

## Leckerchen

Für die Gassirunde habe ich mir tolle Leckerlis ausgesucht, wie Käse, Würstchen, gekochtes Hühnchen oder gekochtes Rinderherz. Hühnchen und Rinderherz haben den Vorteil, dass keine Gewürze enthalten sind. Es gibt auch viele Fertigprodukte, die man empfehlen kann. Wichtig ist, dass man die Leckerlis auch mal wechselt. Bei ständiger Gabe von ein und demselben Leckerli verlieren die Hunde eventuell das Interesse. Uns ist es ja auch lieber, wenn wir Abwechslung auf unserem Speiseplan haben.
Viele Hundehalter kommen trotz Aufforderung ohne Leckerlis zur Trainingseinheit und begründen es damit, dass der Hund seine Aufgaben nicht nur für Leckerlis machen soll.
Grundsätzlich ist das richtig. Der Hund soll die Kommandos auch ohne Leckerlis befolgen. Dennoch sind Leckerlis zum Training eine tolle Sache, sofern sie richtig eingesetzt werden. Hunde lernen am schnellsten, wenn ihr Verhalten positiv bestärkt wird.
Außerdem haben Sie die Möglichkeit, die Leckerligabe mit zunehmender Sicherheit des Hundes zu reduzieren.

Wenn mein Hund eine besonders schwierige Aufgabe toll gemeistert hat, hat er sich auch ein Leckerli verdient. Ich kann mich noch gut daran erinnern, als im Wald ein Reh vor uns den Weg überquert hat. Unser Rüde war damals 2 Jahre alt und hatte schon zum Hinterherjagen angesetzt. Ich musste einmal rufen und mein Hund war da. Vor Freude habe ich ihm als Jackpot die ganze Leckerlitüte hingehalten. In diesem Moment waren mir die Leckerlis egal, Hauptsache mein Hund ist zu mir gekommen und nicht dem Reh hinterher gerannt. Bis heute hat sich dieses Verhalten nicht geändert. Wenn er Wild sieht, setzt er an..., ich rufe und er kommt umgehend zu mir und holt sich seinen Jackpot ab. Ob das unter anderen Umständen bis heute auch so geblieben wäre, wenn ich damals als positive Bestärkung keine Leckerlis sondern nur meine Stimme eingesetzt oder mein Spielzeug aus der Tasche geholt hätte, ist sehr schwer zu sagen. Da aber die meisten Hunde verfressen sind, ist ein richtiger Einsatz von Leckerlis schon sehr zu empfehlen.

Wie setzt man Leckerlis denn nun aber richtig ein? Viele Hundehalter schieben permanent Leckerlis in den Hund, ohne dass der Hund die richtigen Zusammenhänge bzw. Verknüpfungen erlernen kann.

Leckerchen müssen immer zum richtigen Zeitpunkt gegeben werden:

***Beispiel:***

*Ihr Hund soll auf Kommando SITZ machen. Sobald der Hund sitzt, bekommt er das Leckerchen. Warten Sie nicht zu lange: Wenn der Hund schon wieder aufsteht, würden Sie das Aufstehen und nicht das Sitzen belohnen und hätten somit das Leckerchen falsch eingesetzt.*

---

Ein weiteres Problem ist, dass Hunde für das Befolgen eines Kommandos mit Leckerlis gelockt werden. Der Hund soll doch aber lernen, erst muss ich ein Kommando befolgen und dann gibt es ein Leckerli. Für leichte Übungen wie SITZ kann man recht schnell die Leckerlis abbauen und nur noch ab und zu eins geben, um die Erwartungshaltung zu erhöhen. Teilen Sie die Gabe der Leckerlis nach dem Schwierigkeitsgrad der Übung ein. Geben Sie dem Hund für schwere oder neue Übungen stets richtig tolle Leckerlis und für leichte Übungen nur ab und zu eins.

Ich halte es immer nach dem Motto: Mir schenkt auch niemand was, daher müssen sich unsere Hunde ihre Leckerlis auch verdienen. Wenn sie ihre Übung toll gemacht haben, werden sie auch fürstlich dafür belohnt. Die Betonung liegt auf TOLL gemacht haben. Mein Hund würde von mir nie ein Leckerli bekommen, wenn er beim 7. Mal Rufen zu mir gekommen ist. Ich spreche das Kommando einmal aus, und der Hund muss es befolgen. Tut er das, soll er merken, dass es sich für ihn lohnt. Tut er es nicht, soll er aber lernen, dass er dann nichts bekommt!

Sie können auch Leckerchen einsparen, indem Sie dem Hund Alternativen anbieten. Beispiele:
Ihr Hund wartet ruhig ab, während Sie den Dummy wegwerfen. Für das Warten bekommt er kein Leckerchen, sondern darf als Belohnung den Dummy holen.
Ihr Hund möchte mit anderen Artgenossen spielen. Zuvor muss er jedoch so lange warten, bis Sie Ihr Freigabekommando geben. Hat er sich daran gehalten, folgt nun als Belohnung das Spiel und nicht das Leckerchen.

# Training im Alltag

## Spaziergänge

Wie oft und wie lange?

Spaziergänge müssen täglich mindestens 2-3 Mal eingeplant werden. Gerade morgens, wenn Sie zur Arbeit müssen und der Hund mehrere Stunden alleine bleiben muss, sollten Sie viel Wert auf eine große interessante Gassirunde legen. Gerade junge Hunde haben viel Energie und brauchen dementsprechend auch die nötige Beschäftigung. Bieten Sie dem Hund diese Beschäftigung nicht, wird immer mehr Energie angestaut und es folgen Probleme.

Um einen Hund sinnvoll zu beschäftigen, ist es notwendig, den Hund körperlich auszulasten. Aber was ebenso wichtig ist und von vielen total unterschätzt wird, er muss auch geistig ausgelastet werden. Hunde sind sehr pfiffig. Das merkt man auch schon daran, dass sie unsere Schwächen sofort erkennen und eventuell auch ausnutzen. Zusätzlich zur Gassirunde empfehle ich daher, auch zu Hause noch einige Übungen einzubauen, die den Hund zusätzlich auslasten. Gut eignen sich dafür zum Beispiel Snackbälle. Bei verschiedenen Bällen kann man die Öffnung verstellen, so dass man - je nachdem, wie schnell ihr Hund lernt - den Schwierigkeitsgrad erhöhen kann. Den Snackball kann man auch mit dem Frühstück des Hundes füllen. So hat Ihr Vierbeiner eine schöne Aufgabe, wenn Sie zur Arbeit müssen. Natürlich kann er sich so auch sein Abendbrot selbst verdienen.

Ebenfalls gut eignen sich verschiedene Intelligenzspielzeuge, bei denen der Hund außer zu fressen auch noch seinen Kopf anstrengen muss.

Welpen sollten in der ersten Woche nur den Garten und das Haus erkunden dürfen. Gehen Sie mehrmals täglich mit dem Welpen für 5 Minuten im Garten spazieren und gängeln ihn nicht. Wenn er nach dem Lösen gleich zurück ins Haus möchte, geht die Welt auch nicht unter. Schließlich ist alles neu, und jeder Hund reagiert anders auf seine Umwelt. Wohnungshunde müssen natürlich schon einen kleinen Spaziergang absolvieren, aber hier gilt lieber öfter und dafür kürzer. Am besten wären 5-6 mal täglich für 5-10 Minuten.

## Aufbau einer Spaziergehrunde

Nachdem Sie nun alle Hilfsmittel zusammengestellt haben, sollten Sie sich überlegen, welche Runde Sie heute gehen werden.
Wechseln Sie die Runden ständig, laufen Sie nie mehrmals hintereinander den gleichen Weg entlang. Nach 2-3 Tagen kennt Ihr Hund jeden Grashalm, und die Runde wird langweilig. Ihr Hund wird sich weiter von Ihnen entfernen und sich nicht mehr an Ihnen orientieren.
Hinzu kommt außerdem noch, dass manche Hunderassen dazu neigen, ein Gelände, das man häufig abläuft, als Territorium zu betrachten und sich auch dementsprechend dort verhalten.
Und schon haben wir unbewusst mehrere Probleme geschaffen: Ihr Hund kennt den Weg, rennt weit weg und alles andere ist viel interessanter als Sie. Wenn Sie Pech haben, kommt blöderweise an diesem Tag auch noch ein anderer Hund, ein Hase, ein Reh oder vielleicht ein Jogger des Weges und für Ihren Vierbeiner könnte dies eine willkommene Abwechslung sein. Dann hilft meist kein Rufen, kein Schreien....... da hilft nur Warten, bis er wieder da ist.
Und bitte vergessen Sie nicht, immer schöööön freundlich... schließlich waren es Ihre ersten Fehler und nicht die des Hundes. Der Spaziergang mit Ihnen war so langweilig, dass sich Ihr Hund lieber an anderen, für ihn wichtigeren Sachen orientiert hat.

Sie fahren zu Freunden, mal einkaufen oder zur Arbeit. Somit können Sie sich Ihre Abwechslung selbst verschaffen. Welche Möglichkeit hat denn aber nun Ihr Hund? Keine, er muss es so nehmen, wie es kommt!

Mit Welpen fahre ich grundsätzlich die ersten 3 Wochen immer an einen anderen Weg. Erstens wird Ihr Hund dadurch an das Autofahren gewöhnt und zweitens wird sich Ihr Welpe auf fremden, unbekannten Wegen nicht so weit von Ihnen entfernen. Welpen folgen den Besitzern auf Schritt und Tritt und haben keine Ambitionen, einfach auszureißen. Diesen Folgetrieb sollten Sie nutzen, um dem Welpen gleich von Anfang an zu zeigen... es lohnt sich, mir hinterher zu kommen bzw. zu mir zu kommen. Es ist immer wieder erstaunlich, wie schnell Welpenbesitzer diesen Folgetrieb zunichte machen.
Bei älteren Hunden funktioniert diese Vorgehensweise ebenfalls, jedoch muss man hier beachten, dass ältere Hunde meist schon selbstsicherer sind und auch auf fremden Wegen weiter weg laufen können. Verwenden Sie dann zum Training eine 10m-Leine. Das gleiche gilt grundsätzlich für Tierheimhunde. In den letzten Jahren ist es für deutsche Tierheime gang und gäbe, Hunde aus dem Ausland zu retten und hier zu vermitteln. Viele Hundehalter haben keine realistische Vorstellung, was sie mit so einem Hund erwartet bzw. erwarten kann. Manche können ein Leben lang nicht abgeleint werden und streunen umher, andere werden nur sehr schwer wieder eine vertrauensvolle Bindung zu Menschen aufbauen, da sie prägende Erlebnisse gehabt haben.

**Wo bist du?**

Wie bereits beschrieben, habe ich also regelmäßig die Wege gewechselt. Theoretisch fand ich es besser, meinen Hund zu lehren, sich an mir zu orientieren und zu schauen, wo ich mich befinde. Ein Spaziergang sollte für Hund und Halter auch dazu dienen, ein wenig zu entspannen. Ich würde es als nervig empfinden, meinen Hund ständig zu suchen und immer aufpassen zu müssen, dass er ja nicht zu weit weg rennt.
Praktisch habe ich dann zu Beginn einer Runde mehrere Richtungswechsel eingebaut. Ich habe mich - ohne dem Hund ein Kommando zu geben - einfach umgedreht und bin in eine andere Richtung vom Hund weggelaufen. Das hat er schnell gemerkt und kam sofort zu mir gerannt. In dem Moment, als sich der Hund auf meiner Höhe befand, habe ich ihn in der höchsten Tonlage, die meine Stimme hergab, gelobt und ein Leckerchen gegeben. Beim nächsten Mal habe ich dann ein kleines Suchspiel oder ein Spielzeug eingebaut, so dass er gelernt hat, wenn ich Frauchen hinterher laufe, gibt es immer etwas Tolles und es lohnt sich. Diese Übung hat noch einen weiteren Vorteil. Zum einen lernt der Hund, wenn ich nicht aufpasse, ist Frauchen weg, und zum zweiten konnte ich es ausnutzen, dem Hund das Kommando HIER beizubringen. Denn immer, wenn der Hund gerade auf dem Rückweg zu mir war, habe ich mein Kommando HIER eingefügt und dem Hund für das Ausführen des Kommandos ein Leckerli gegeben. Wichtig ist allerdings, dass man das Kommando HIER oder KOMM erst sagt, wenn der Hund kurz vor einem steht, da sonst die Gefahr zu groß ist, dass er vorher noch einen kleinen Abstecher an den Wegesrand unternimmt, um eine interessant riechende Stelle zu markieren. Gerade junge Rüden machen dies sehr gern. Hätten Sie in dieser Situation schon das Kommando gerufen, hätte Ihr Hund gelernt: Die rufen mich, ich muss aber nicht kommen.
Schon nach mehreren Richtungswechseln kann man deutlich sehen, dass sich der Hund nicht mehr so weit von Ihnen entfernt, da er ja sonst nicht mitbekommt, wo Sie lang laufen. Außerdem wird er seinen Kopf seitlich drehen, um zu sehen, ob Sie noch da sind. Bei Welpen klappt diese Übung wunderbar, bei älteren Hunden, vor allem Tierheimhunden, würde ich diese Übung mit einer 10m-Leine anfangs noch absichern.

Um diese Übung noch zu intensivieren, habe ich mich als nächsten Schritt ab und zu hinter einem Baum versteckt. Diese Übung baue ich aber langsam auf, da es auch viele Hunde gibt, die panisch reagieren, wenn Frauchen oder Herrchen auf einmal verschwunden sind. Ihrem Hund sollen solche Übungen Spaß machen und auch als Lerneinheit dienen. Wenn Ihr Hund aber auf Grund von Angst in eine Stresssituation verfällt, kann der Hund nicht lernen und eventuell auch die Bindung zu Ihnen in Frage stellen. Jeder Hund reagiert anders: Den einen stört es gar nicht, wenn Sie sich verstecken, und der andere rennt kopflos ohne Orientierung weit weg in eine andere Richtung.
Helfen Sie unsicheren Hunden bei Einführung der Übung, indem Sie sich so verstecken, dass der Hund noch sieht, wo Sie hinlaufen. Wenn der Hund dann zu Ihnen kommt, rufen Sie als Kommando SUCH MICH und wenn er bei Ihnen angekommen ist, freuen Sie sich. Geben Sie ihm ein Leckerli oder stecken Sie es einfach in die Baumrinde. So hat der Hund gleich noch eine Suchübung zu absolvieren. Auch hier hat er wieder gelernt, dass es sich lohnt, zu Ihnen zu kommen. Erhöhen Sie den Schwierigkeitsgrad langsam. Wenn Sie merken, der Hund ist mit der Aufgabe überfordert, helfen Sie ihm, indem Sie sich ein wenig zu erkennen geben.

## Leinenführigkeit

Für jeden Hundehalter sollte es selbstverständlich sein, mit dem Hund - egal ob große oder kleine Rasse - an lockerer Leine zu gehen. Wenn sich Ihr Hund an der Leine benehmen kann, schont das außerdem Ihre Nerven, Ihre Arme und Schultern. Ich bin immer wieder überrascht, wie viele Hundehalter sich in dieser Beziehung auf der Nase herumtanzen lassen. Es kann doch wirklich keinen Spaß machen , mit einem 30 kg Hund spazieren zu gehen, der ständig von links nach rechts zieht.

Wie kann man denn nun dem Hund das Ziehen an der Leine abgewöhnen?

Zuerst sollten Sie sich merken, dass man Leinenführigkeit nur übt, wenn man auch die nötige Zeit hat. Es bringt weder Ihnen noch dem Hund etwas, wenn Sie bloß mal schnell um die Ecke gehen wollen und dann auch noch erwarten, dass der Hund gleich begreift, was Sie von ihm wollen. Vor allem junge Hunde, die bereits mehrere Stunden alleine waren, haben meist so viel angestaute Energie, dass die Übungen von dem Hund gar nicht aufgenommen werden können. Also lassen Sie ihn erst einmal toben und Energie abbauen, damit er später das Erlernte auch aufnehmen und verarbeiten kann.

Üben Sie anfänglich ohne Ablenkung. Es bringt nicht viel, wenn vor Ihnen der Lieblingsspielkamerad oder der Erzfeind aus der Nachbarschaft läuft und der Hund sich nicht auf Sie konzentrieren kann.

Grundsätzlich gilt für meine Hunde, dass an der Leine nicht gespielt werden darf. Dadurch lernt der Hund, sich angeleint zu benehmen und Sie nicht zu jedem Artgenossen hinzuzerren.

Vor dem Tor meiner Hundeschule kann man tolle Studien machen. Die meisten Hunde merken schon im Auto, dass sie zur Hundeschule dürfen. Es wird schon im Auto gebellt oder vor Freude in allen Tonlagen gequietscht. Die Autotür bzw. die Kofferraumklappe geht auf, und der Hund kommt einem regelrecht entgegengeflogen. BLEIB wird zwar zugerufen, doch die Umsetzung nicht konsequent durchgesetzt. Genervt vom Hund darf dieser bis zum Tor zerren, was das Zeug hält. Tor auf und schnell rein und noch schneller wird der Hund dann zur Belohnung sofort abgeleint und darf spielen. Diese Hundehalter haben in 1-2 Minuten so viele Fehler begangen, dass ich diese Besitzer wieder nach draußen bitten muss. Es nützt nichts, auch wenn der Hund die Welt nicht mehr versteht und er von seinem geliebten Spielkameraden getrennt wird.

Diese Lektion muss sein! Wie will ich erwarten, dass mein Hund nicht an der Leine zieht, wenn ich als Halter nicht weiß, worauf es ankommt.

Der Hund hat gelernt, wenn ich nur richtig ziehe, geht die Tür auf und ich darf zum Spielen. Der Besitzer hat noch nicht einmal eine Übung eingebaut, bevor er den Hund abgeleint hat. Meine Hunde müssen grundsätzlich SITZ machen, bevor sie abgeleint werden.

Der Hund musste zurück ins Auto, die Kofferraumklappe wurde nur einen kleinen Spalt geöffnet. Der Hund bekam das Kommando SITZ. Bevor sich der Hund nicht hingesetzt hatte, passierte nichts weiter. Nachdem der Hund nun sitzen blieb, kam die nächste Schwierigkeit: SITZ und BLEIB. Sobald er wieder aufgestanden war, ging die Klappe wieder soweit zu, dass der Hund nicht hinaus konnte. Nach 4 Versuchen saß der Hund ruhig da und konnte auf das Kommando des Herrchens aus dem Auto springen. 4 Versuche, da sieht man wieder einmal, wie pfiffig Hunde sind. Sicherlich gibt es auch Hunde, die länger brauchen, doch die meisten lernen sehr, sehr schnell. Der Hund hat sofort begriffen: Wenn er nicht sitzen bleibt, geht die Klappe wieder zu und er darf nicht heraus. Die nächste Übungseinheit dauerte etwas länger. Wie kommt man denn nun an lockerer Leine zusammen am Tor an, wenn die anderen Hunde hinter dem Zaun schon spielen dürfen?
Ihr Hund versucht vorwärts zu kommen, er hat ja ein Ziel vor Augen. Immer, wenn der Hund in die Leine rennt und diese straff ist, bleiben Sie stehen und gehen zurück in die Richtung, aus der Sie gekommen sind. Auf dem Rückweg laufen die meisten Hunde an lockerer Leine, denn das Ziel liegt ja in der anderen Richtung. Auf dem Rückweg ist es aber nun ganz besonders wichtig, den Hund für sein Verhalten zu loben, sprich: Wenn die Leine locker ist, wird sofort mit freundlicher hoher Stimme gelobt und ein Leckerchen gegeben. Nachdem der Hund schön an lockerer Leine zurückgelaufen ist, drehen Sie sich erneut um und laufen wieder zum Tor. Die ersten Meter wird der Hund noch an lockerer Leine laufen. Versuchen Sie, ihn mit Ihrer Stimme oder mit einem Leckerchen abzulenken. Wenn das nicht funktioniert und der Hund in das alte Schema verfällt, also wieder zieht, wiederholen Sie diese Übung mehrmals. Der Hund wird ganz schnell merken: Wenn ich ziehe, muss ich zurück. Ehe Sie sich versehen, werden Sie an lockerer Leine gemeinsam am Ziel ankommen. Diese Übung war für den Hundehalter und den Hund eine Höchstleistung.

Unter extrem hoher Ablenkung mussten beide üben. In diesem Fall musste der Hund noch die Übung SITZ vor dem Tor zeigen und durfte dann gleich in die Gruppe. Es wäre für beide fatal gewesen, wenn ich in diesem Moment noch verlangt hätte, auch noch an lockerer Leine auf den Trainingsplatz zu gehen. Dies wurde in einer Extra-Einheit trainiert, aber erst, nachdem die erste Trainingseinheit gefestigt war, also der Hund immer an lockerer Leine zum Tor ging.
Der Besitzer war danach sichtlich erfreut, da er es nicht für möglich gehalten hätte, dass man dem Hund auf so einfache Weise zu verstehen geben kann, an lockerer Leine zu laufen.

Leinenführigkeit kann - wie jede andere Übung auch - sehr schnell in die richtigen Bahnen gelenkt werden. Geduld, Ruhe und Konsequenz sind gefragt, um schnell am Trainingsziel anzukommen.

**Soll das wirklich Spaß machen?**

- Immer wieder an der Leine rucken
- Stachelhalsbänder einsetzen
- Geschirre einsetzen, die die Achseln aufreiben und den Hund verletzen
- Halti nur bedingt zu empfehlen
- Flexileinen verleiten die Hunde zum Ziehen, da die Leinen immer gespannt sind

**Ganz entspannt laufen diese Hunde an der Leine**

**Kontrollieren Sie sich doch mal selbst!**

Wie oft haben Sie Ihren Hund belohnt oder bestätigt, wenn er vielleicht auf dem Rückweg der Gassirunde (als er schon körperlich ausgelastet war) ordentlich an lockerer Leine gelaufen ist? Die meisten Hundehalter nehmen das als Selbstverständlichkeit hin, sagen kein Wort und trotteln nebenher. Doch plötzlich bekommt der Hund etwas in die Nase und wird schneller. Der Hund zieht auf einmal wieder, und schon sind Frauchen oder Herrchen aufmerksam und reden mit ihm. Auch wenn Sie den Hund in diesem Moment vielleicht negativ ansprechen und ihm sein Kommando wie FUSS, AUS oder NEIN zurufen, hat der Hund gelernt, dass er Aufmerksamkeit bekommt, wenn er zieht. Diese Aufmerksamkeit ist den meisten Hunden noch lieber als gar keine.
Egal, welche Übung Sie gerade trainieren, für den Hund ist es äußerst wichtig, im richtigen Moment gelobt bzw. bestätigt zu werden. Ziel dieser Übung ist es, dass der Hund nicht zieht. Wenn die Leine locker durchhängt, sagen Sie Ihrem Hund doch einfach, dass er es gerade richtig toll macht. Und dafür geben Sie ihm ein Leckerchen. Damit der Hund das Laufen an lockerer Leine auch mit einem Kommando verknüpft, bauen Sie dieses beim Bestätigen mit ein. Ich verwende immer das Kommando LANGSAM. Das Kommando FUSS ist noch eine verfeinerte Form, bei der der Hund korrekt neben dem Hundeführer laufen muss. Wer später auf Prüfungen laufen möchte, sollte das Kommando FUSS wirklich nur für die Prüfungsarbeit verwenden.

**TIPP**

Für mittelgroße bis große Rassen kann man auch folgende Leinentechnik verwenden. Nehmen Sie eine 2m-Leine auf die volle Länge. In der rechten Hand halten Sie das Ende der Leine. Legen Sie nun vorsichtig die Leine über den Kopf des Hundes. Die linke Hand ist für das Stück Leine zuständig, das am Geschirr befestigt ist. Je nach Größe des Hundes und des Halters nimmt man die Leine nun so, dass die übergelegte Schlaufe vor dem Hund hängt. Die Leine hat die richtige Höhe, wenn sie locker am Übergang Vorderbeine zum Brustkorb des Hundes hängt.
Nun laufen Sie los. Ihr Hund wird die Leine vor seinen Beinen natürlich blöd finden. Wer versucht schon, schnell vorwärts zu kommen, wenn er eine Leine vor den Vorderbeinen hat?

Um aber dem alten Schema wieder folgen zu können, versuchen die Hunde über die Leine zu steigen. Wenn das passiert, legen Sie ihm die Leine ganz ruhig wieder um und beginnen die Übung erneut. Manche Hunde bleiben auch einfach stehen oder versuchen, darüber zu steigen, um so diese Leinenführtechnik zu umgehen. Auch in diesem Fall legen Sie die Leine wieder ganz ruhig um den Hund und beginnen die Übung von vorn. Nach ein paar Wiederholungen werden Sie merken, dass der Hund die Leinentechnik akzeptiert und wunderbar neben Ihnen herläuft. Vergessen Sie nicht, den Hund im richtigen Moment zu belohnen.

Ich hatte schon viele Kunden, die über Rückenprobleme klagten und den Hund kaum oder schlecht halten konnten. Oft wurde ich dann gefragt, ob denn da nicht ein Halti helfen würde. Sicherlich hilft das Halti, den Hund besser zu führen, aber es löst das eigentliche Problem nicht.
Und hier sind wir wieder an dem Punkt angelangt, dass viele Hundehalter nicht die nötige Geduld aufbringen. Es soll am liebsten alles schnell gehen, und der Hund soll möglichst ganz schnell hören. Dabei ist manchem jedes Hilfsmittel recht. Da wird eben auch mal zu einem Stachelhalsband gegriffen. Leider kann ich mir jetzt ein kleines Schmunzeln nicht verkneifen, denn auch ein Stachelhalsband hält die meisten Hunde nicht davon ab, an der Leine zu ziehen. Wenn es für den Hund Reize gibt, die so hoch sind wie zum Beispiel der Erzfeind aus der Nachbarschaft, dann wird er den Schmerz einfach überspielen, um ans Ziel zu kommen. Sie sollten grundsätzlich auf solche Hilfsmittel verzichten und an Ihren menschlichen Verstand appellieren. Wenn Ihr Kind eine Rechenaufgabe nicht verstanden hat, haben Sie doch mit Sicherheit auch nicht gleich die Peitsche geholt. Sie haben die Aufgabe so lange geübt, bis es geklappt hat. Hundehalter, die solche Hilfsmittel einsetzen, haben keinerlei Respekt vor ihrem Hund und sind es nicht würdig, ein so tolles Lebewesen besitzen zu dürfen.
Ich bin grundsätzlich gegen Hilfsmittel, die keinen Lerneffekt haben. Wenn Sie das eingesetzte Hilfsmittel, zum Beispiel ein Halti, auf einmal nicht mehr umlegen, werden Sie merken, dass der Hund wieder an der Leine zieht. Daran können Sie deutlich erkennen, dass es für den Hund keinen Lernprozess in Bezug auf die Leinenführigkeit gab.

## Leinenaggression

Gehört Ihr Hund zu den Exemplaren der Sorte Leinenstänkerer?

Sobald er einen Artgenossen sieht, fängt er an, diesen zu fixieren und wenn das Feindbild näher kommt, springt er kläffend und knurrend in die Leine. Oft läuft dem entgegenkommenden Hundehalter schon die Farbe aus dem Gesicht, da er sich nicht ganz sicher ist, ob er das tobende Zentner Lebendgewicht auch wirklich halten kann. Die Realität zeigt, dass dieses Problem leider sehr häufig vorkommt. Leinenaggression ist ein sehr komplexes Thema und meistens haben Sie keinen Erfolg, wenn Sie alleine versuchen, das Verhalten zu korrigieren oder zu unterbinden. Ein Hund, der bellt und knurrt, muss nicht zwingend aggressiv sein. Die Ursache liegt nicht selten am anderen Ende der Leine. Unbewusst bestärkt man Verhalten zum falschen Zeitpunkt. Sind Sie selbst unsicher und schon „auf 180", weil Sie den Hund kaum noch halten können, wird Ihr Hund dieses Verhalten zum Anlass nehmen, sich noch mehr zu verausgaben und alles zu geben. Wenn er den Eindruck hat, Sie sind nervös und haben nicht alles im Griff, wird er Sie unterstützen wollen. Also, zeigen Sie Ruhe und Gelassenheit, anstatt vor Angstschweiß zu triefen. Lenken Sie den Hund mit sanfter Stimme ab und bieten Sie ihm Suchspiele an. Werfen Sie mehrere Leckerchen auf den Boden und lassen Sie den Hund suchen. Somit lenken Sie ihn vom eigentlichen Verhalten ab, und er muss sich auf eine neue Aufgabe konzentrieren. Man kann ihm auch ein Leckerchen vor die Nase halten. Die Suchaufgabe lenkt den Hund allerdings länger ab. Sie können natürlich auch ein Spielzeug zur Ablenkung benutzen. Sie zotteln mit dem Hund an einem Ball und werfen das Spielzeug natürlich nicht weit weg.
Unsere Hündin liebt es, Tricks machen zu dürfen: Slalom durch die Beine, rückwärts Einparken, Tip und Tap (mit linkem und rechtem Pfötchen das Bein antippen), gib Laut, Männchen und viele andere lustige Übungen. Auch das lenkt den Hund ab.
Verlangen Sie in solchen Situationen nur Kommandos, die Ihr Hund auch zuverlässig ausführt. Es nützt Ihnen gar nichts, wenn Sie zwanzig Mal PLATZ schreien und Ihr Hund steht immer noch in der Leine. Gut gemeinte Ratschläge, wie Schnauzengriff, den Hund auf den Rücken legen, harte Kommandos oder einen derben Leinenruck, können Sie gleich unter der Rubrik „Märchenstunde" verbuchen. Sie brauchen es nicht zu testen, es funktioniert sowieso nicht.

Die Unterbindung des Blickkontaktes hat sich sehr wirksam im Training bewährt. Geben Sie Ihrem Hund keine Möglichkeit, den anderen Hund lange zu fixieren. Lenken Sie ihn nach Möglichkeit ab oder wechseln Sie einfach mal die Richtung. Eine wichtige Rolle spielt die Distanz zu dem anderen Hund. Wählen Sie am Anfang eine größere Distanz und verringern Sie diese später langsam.

Um dauerhaft Erfolg zu haben, trainieren Sie ständig mit anderen Hunden, wechselnder Umgebung und variierendem Übungsablauf. Hunde, die sich an der Leine nicht mögen, verhalten sich unangeleint meistens völlig neutral. Wenn sich die Hunde erst unangeleint begegnet sind und Sie leinen beide später an, treten meistens keine Komplikationen mehr auf. Die Hunde hatten die Möglichkeit, sich kennen zu lernen und Kontakt aufzunehmen. Ihre Erfahrung dabei war nicht negativ. Es gibt also keinen Grund mehr und beide können sich auch an der Leine ordentlich benehmen und gemeinsam nebeneinander herlaufen.

Oft haben Hunde nur an der Leine ein Problem, ohne Leine können sie sich meistens ohne Komplikationen begegnen.

## Anspringen von Personen

Meistens begegnen Sie auf Ihrer Spaziergehrunde fremden Personen. Vielen von uns ist es bestimmt schon passiert, dass Hundeliebhaber stehen bleiben und unseren Hund einfach mal streicheln oder nur mal wissen wollen, was es für eine Rasse ist. In dem Moment, in dem andere Personen unserem Hund Aufmerksamkeit schenken, sind die meisten Hunde sehr angetan: Vielleicht gibt es dort ja auch etwas zu fressen? Und schon ist es passiert. Unser geliebter Vierbeiner springt die Personen an. Mal abgesehen von den Pfotenabdrücken, die sie auf der Kleidung hinterlassen, kann das aber auch schlimme Verletzungen zur Folge haben. Ich habe schon zu Beginn des Buches darauf hingewiesen, dass die Grundkommandos für die gesamte Hundeerziehung wichtig sind. Diese Grundkommandos sollte der Hund ohne Wenn und Aber befolgen!
Ich habe meine Hunde in so einer Situation die SITZ Position einnehmen lassen. Wenn die Personen dann weiter gelaufen sind, habe ich Leckerlis ins Gras bzw. an den Rand des Weges geworfen. So konnten sich die Hunde auf andere Sachen konzentrieren und sind den Personen auch nicht hinterher gerannt. Sollte es dennoch passieren, dass Ihr Hund einen Passanten anspringt, wäre es am besten , dieser würde einfach stehen bleiben und das Verhalten des Hundes ignorieren. In der Praxis ist das aber so kaum umzusetzen. Daher empfiehlt es sich, den Hund gezielt mit der Situation zu konfrontieren. Bestellen Sie sich Freunde, Bekannte oder Nachbarn und üben das Nicht-Anspringen gezielt. Wenn Ihr Hund die Person anspringt, soll diese einfach wie eine Steinsäule stehen bleiben und wegschauen. Durch IGNORIEREN erreicht man mehr, als den Hund negativ anzusprechen. Die meisten Hunde setzen sich dann von selbst hin und warten. In diesem Moment dürfen bzw. müssen Sie den Hund sofort mit einem Leckerchen belohnen. Der Hund soll lernen, dass es sich nicht lohnt, jemanden anzuspringen, sondern sich hinzusetzen. Ein weiterer für Hunde interessanter Personenkreis sind Jogger, Radfahrer, Inlineskater und alles was sich schnell bewegt. Um das Anspringen auch hier zu unterbinden, sind die Grundkommandos einzusetzen. Wenn mir jemand entgegenkommt, der interessant für meinen Hund sein könnte, mache ich auch wieder meine beliebten Suchspiele. Lenken Sie den Hund einfach ab und lassen ihn nicht das Ziel der Begierde anvisieren. Lenken Sie die Aufmerksamkeit auf sich, und das Problem Anspringen wird sich recht schnell erledigt haben.

## Unrat fressen

Leider finden manche Hunde es besonders lecker, Tierkadaver, Kot oder Speisereste zu sich zu nehmen. Dieses leidige Problem habe ich über das Kommando NEIN abtrainiert. Natürlich können Sie auch andere Kommandos, wie PFUI oder AUS, verwenden. Voraussetzung dafür ist allerdings, dass diese Verbotskommandos auch richtig konditioniert wurden. Es nützt Ihnen gar nichts, wenn Sie dem Hund ein freundliches NEIN zurufen und er lustig weiter frisst. Das Verbotskommando sollte auch dementsprechend betont werden. Sobald der Hund mein Kommando nicht befolgt, rufe ich energisch NEIN, renne zum Hund hin und versuche, ihn mit meiner Leckerlitüte abzulenken. Nun fragen Sie sich bestimmt, warum ich zum Hund hingehe und nicht einfach in die andere Richtung laufe.
Unsere Hündin Amy ist Spezialistin in Bezug auf Unrat fressen; am liebsten die Hinterlassenschaften von anderen Personen. Wenn ich mich von ihr wegbewegt habe, hat sie erst einmal in aller Ruhe fertig gespeist und sich dann gnädigerweise mal in meine Richtung begeben. Nur der Gedanke daran, was mein Hund gerade frisst, verursachte bei mir schon Ekelzustände. Und dann muss man sich als erfolgreicher Hundehalter auch noch freuen, denn - was haben wir gelernt ?- auch wenn der Hund später kommt oder gerade nicht gehört hat, freuen wir uns....... Na gut, also freute ich mich, dass mein Hund nun endlich kam. Obwohl .... von Freude konnte keine Rede sein, sagen wir mal lieber, ich bestrafte sie nicht für das zu späte Kommen.
Natürlich musste sich etwas ändern. Ich lernte sehr schnell vorausschauend mit ihr spazieren zu gehen. Damals ist mir erstmalig aufgefallen, wie viele Taschentücher eigentlich in der Natur herumliegen. Mein logischer Menschenverstand sagte mir sofort, dass ich bei herumliegenden Taschentüchern einen potentiellen Festschmaus für meine Amy vermuten musste. Wenn ich von weitem schon einen Taschentücherberg sah oder etwas Verdächtiges bemerkte, durfte mein Hund den Weg nicht verlassen, und ich habe ihn sofort zu mir gerufen. Dann bin ich auf der anderen Wegseite entlang gelaufen und habe Amy mit Leckerlisuchspielen abgelenkt.
Nun kam aber der Tag, an dem Amy den Festschmaus vor mir entdeckt bzw. gerochen hat. Ich wollte mich nicht darauf verlassen, alleine in die entgegengesetzte Richtung zu laufen. Ich war der festen Überzeugung, wenn sie jetzt wieder alles auffressen darf und dann erst kommen muss, wird sie es immer so machen. Mein Hund suchte

Unterbinden Sie das Fressen von Unrat!

schon zielstrebig nach dem so toll riechenden Festschmaus. So schnell ich konnte, bin ich meinem Hund wild tobend hinterhergelaufen und habe das Kommando NEIN regelrecht geschrien. Es war mir so was von egal, ob die anderen Passanten dachten, ich wäre einer gewissen Klinik entkommen.
Von meinem Auftritt schwer beeindruckt, schaute Amy mich an, als ob ich von einem anderen Stern wäre. Und tatsächlich hat sie in dem Moment den Festschmaus liegen lassen. Hoch erfreut und voller Stolz führten wir unseren Spaziergang fort, mit ganz viel Leckerchen.
Wie sollte es schon anders sein, natürlich hat Amy noch mehrmals versucht, Unrat zu fressen. Mittlerweile unterlässt sie schon den Gang zum Festschmaus und kommt zu mir, sobald ich AMY - NEIN rufe.
Der Einsatz von Leckerlis in der Hundeerziehung wird nicht immer gleich ans Ziel führen. Bei dieser Übung hätte ich ein halbes Schwein mithaben können, der Hund hätte trotzdem erst einmal den Festschmaus aufgefressen und wäre erst danach zu mir gekommen. Unsere Hündin war damals noch in der Junghundphase. Das Verhalten, das sie gezeigt hat, ist typisch für so junge Hunde. Amy ist sonst zu 99% immer gekommen, sogar aus dem Spiel heraus, und für Leckerlis würde sie alles machen. Jedoch war der Reiz hier so hoch, dass sie sich erstmalig dafür entschieden hat, nicht gleich zu mir zu kommen. Bei unserem Rüden hatten wir dieses Problem nie. Da reichte einmal das Kommando NEIN und er hat den Pferdeapfel wieder ausgespuckt. Dann habe ich ihn zu mir gerufen und fürstlich dafür belohnt.

Interessant ist auch die Geschichte von einem Beaglerüden, dessen Halterin erst kürzlich mit diesem Problem zu mir in die Trainingsstunde kam. Der Hund war ständig auf der Suche nach Fressbarem. Man hatte den Eindruck, der Hund gehe nur spazieren, um sich den Magen vollzustopfen, so nach dem Motto: Wer weiß, wann es wieder was zu fressen gibt?
Dass Beagle verfressen sind, ist im Allgemeinen bekannt, doch dieses Verhalten war eigenartig. Schließlich stellte sich im Gespräch mit der Besitzerin heraus, dass der Hund einmal in der Woche einen Fastentag machen muss und sonst nur abends gefüttert wird. Mit dem Vorgängerhund, einem Schäferhund, habe man dies auch so gemacht und da gab es keine Probleme.

Allerdings sollte ich noch erwähnen, dass es mit dem Schäferhund keine Probleme geben konnte, da der das Grundstück nicht verlassen durfte, sondern es nur bewachen sollte. Was für ein Hundeleben!?
Ich konnte über so viel Unwissen zum Thema Fütterung eigentlich nur den Kopf schütteln. Man sollte Hunde immer zweimal täglich, also morgens und abends, füttern. Große Rassen - wie Doggen, Irischer Wolfshund usw. - sogar dreimal täglich, um die Gefahr einer Magendrehung zu minimieren. Einen Fastentag legt man auch nicht mehr ein.
Nachdem die Besitzerin des Beaglerüden die Fütterung auf zweimal täglich umgestellt hat und der Fastentag weggelassen wurde, hat sich das Verhalten fast wie von selbst erledigt.

Natürlich wird es auch immer wieder Hunde geben, die auf nichts reagieren und alles fressen. Hier wird wieder mal nur die Schleppleine zum Erfolg führen. Mit dieser Hilfe können Sie den Hund vom Futter wegziehen und dann mit Leckerlisuchspielen vom eigentlichen Verhalten ablenken.

## Hundebegegnungen

Im Kapitel Leinenführigkeit habe ich schon erwähnt, dass es sehr sinnvoll ist, Hunde an der Leine nicht spielen zu lassen. So lernt der Vierbeiner von klein auf, sich auch angeleint zu benehmen. Wichtig ist es aber trotzdem, dass er an der Leine auch mal Kontakt zu anderen Artgenossen aufnehmen darf. Die Kontaktaufnahme kann sich jedoch auch sehr schwierig gestalten. Durch die Leine haben Hunde oft nicht den nötigen Freiraum und sind in ihrer Bewegung eingeschränkt. Außerdem gibt es Hunde, die sich nur an der Leine besonders stark fühlen, da sie den Hundehalter am anderen Ende der Leine wissen.

Gerade bei Hundebegegnungen müssen Sie in jeder Situation die Ruhe bewahren. Mitunter sind auch die Hundehalter selbst die Auslöser. Geben Sie Ihrem Hund die nötige Sicherheit und zeigen Sie ihm durch Ihr ruhiges, entspanntes Verhalten, dass Sie alles im Griff haben.

Kommt Ihnen ein Hundehalter entgegen, der nicht so richtig weiß, ob sein Hund andere mag und sehr unsicher wirkt, verzichten Sie lieber auf eine Kontaktaufnahme. Für mich ist in so einer Situation wichtiger, dass mein Hund keine schlechten Erfahrungen macht! Gerade junge Hunde wollen natürlich gern zu dem Artgenossen hin und spielen. Wenn Sie auf Grund der Situation aber entschieden haben, NEIN, jetzt nicht, gehen Sie noch ein Stück weiter und als Belohnung für die ordentliche Ausführung der Übung spielen Sie mit Ihrem Hund ausgiebig. Holen Sie Ihr Spielzeug oder den Futterdummy heraus und machen Sie sich interessant.
Auf diese Art und Weise lernt Ihr Hund, dass es bei Ihnen viel schöner ist als bei dem anderen Hund, und er lernt extra noch, ordentlich an anderen Hunden vorbei zu gehen.

Sie sollten auch von Anfang an darauf achten, dass Ihr Hund nicht selbst entscheidet, wann er spielen geht. Ihr Hund darf erst zu anderen Hunden hinrennen, wenn Sie ihm die Erlaubnis gegeben haben! Meine Hunde müssen sich erst noch einmal hinsetzen und dann kommt das Kommando LAUF oder AB.

Das Spiel mit anderen Artgenossen ist für Ihren Hund natürlich schön und wichtig, dennoch sollte er auch lernen, dass SIE das Wichtigste sind, das es gibt. Daher loben Sie ihn, wenn er zwischendurch nach ihnen schaut, und rufen ihn zu sich. Wenn Ihr Hund sofort kommt, sollten Sie ihn überschwänglich und mit einem tollen Leckerli belohnen. Hundebegegnungen laufen nicht immer glimpflich ab. Sie müssen lernen, dass Ihr Hund nicht jeden anderen Hund mag. Respektieren Sie dieses Verhalten. Sie können den Hund belohnen, Sie können Monate oder auch Jahre trainieren und werden nichts ändern. Uns Menschen geht es doch nicht anders. Wenn uns jemand unsympathisch ist, werden wir unsere Meinung auch nicht ändern. Selbst wenn mehrere Personen versuchen uns zu beeinflussen oder auf uns einzureden, wir mögen manche Leute nun mal nicht. Ich finde an dieser Situation auch nichts Schlimmes. Wenn ich merke, mein Hund mag den anderen nicht, gehe ich weiter und umgehe so eine drohende Konfrontation. Aber auch hier geht nichts ohne den Grundgehorsam. Wenn Ihr Hund schon ohne nennenswerte Ablenkung nicht sicher kommt, wird es in so einer schweren Situation erst recht nicht funktionieren. Auch wenn mein Hund den anderen nicht mag, verlange ich trotzdem, dass er sich benimmt. Er darf weder an der Leine herumzerren, noch die große Klappe haben. Das sind Sachen, die sich trainieren lassen. Hierbei kann man als Ablenkung wieder schön mit einem Leckerli oder einem Spielzeug arbeiten.

Ein Fehler wäre es, dem nahenden Problem aus dem Weg zu gehen. Das ist mit Sicherheit keine Lösung! Sie können Probleme nur beheben, indem Sie diese immer und immer wieder üben. Wenn Sie abbiegen oder einen großen Bogen laufen, werden Sie nie am Ziel ankommen. Wenn Sie unsicher sind, holen Sie sich professionelle Hilfe und lösen das Problem gemeinsam. Sie werden überrascht sein, wie schnell Sie Erfolg damit haben!

Achten Sie am Anfang auf die Distanz zu dem anderen Hund. Machen Sie Ihrem Hund das Training anfänglich nicht so schwer, indem Sie schon sehr eng an dem anderen Hund vorbeilaufen wollen. Halten Sie so viel Abstand, wie Ihr Hund braucht. Die Entfernung ist richtig, wenn sich Ihr Hund nur noch an Ihnen orientiert und nicht mehr nach dem anderen Hund schaut. Den Abstand können Sie dann langsam verkürzen.

Gestatten Sie Ihrem Hund niemals, dass er permanent junge Hunde unterwirft. Dieses Ritual gehört dazu, jedoch sollte es nicht so sein, dass Ihr Hund es immer und immer wieder erneut versucht und den anderen nicht aufstehen lässt. Es gibt auch Hunde, die die anderen Hunde zwar aufstehen lassen, aber Sekunden später gleich wieder unterwerfen.

Ihr Hund sollte auch nicht schwächere Artgenossen überrennen und dabei nach ihnen schnappen oder sie zwicken. Achten Sie darauf, dass während des Spiels keine gefährlichen Situationen entstehen. Es kommt oft vor, dass zwei ausgeglichen miteinander spielen. Einer rennt vorweg und ein anderer folgt. Nun kommen noch mehr Hunde dazu und das Spiel kippt auf einmal in ein nicht mehr lustiges Jagdspiel um. Gerade kleine flüchtende Rassen werden oft als Beute angesehen. Mehrere Hunde schließen sich blitzartig zu einem Rudel zusammen und jagen die Beute gemeinsam. Hier sollte es selbstverständlich sein, dass Sie dieses Verhalten sofort unterbinden.

## Fremde Hunde aneinander gewöhnen

- Möchten Sie zwei fremde Hunde aneinander gewöhnen, sollten Sie behutsam vorgehen und verschiedene Kriterien berücksichtigen.
- Das erste Treffen sollte nie auf einem Grundstück der Hunde stattfinden, da das territoriale Verhalten zum Streit führen kann. Hunde neigen gern dazu, das Grundstück, das Lieblingsspielzeug oder eingebuddelte Kauartikel im Garten zu verteidigen. Natürlich möchten sie diese wichtigen Ressourcen nicht mit dem „Eindringling" teilen.
- Treffen Sie sich daher auf einem neutralen Gelände, das beide Hunde kaum kennen.
- Auf dieser Runde wird noch kein Spielzeug benutzt und nur der eigene Hund gefüttert.
- Beide Hunde werden zu Beginn nur an der Leine geführt.
- Halten Sie genügend Abstand zu dem anderen Hund, laufen Sie möglichst nicht nebeneinander, da die Distanz meistens noch zu gering ist.
- Wechseln Sie laufend die Position ab, einmal laufen Sie vorn, einmal der andere Hundehalter.
- Lassen Sie die Hunde gegenseitig an den Hinterlassenschaften schnüffeln, so lernen sie sich schon ein wenig kennen.
- Wenn Sie merken, dass die Hunde auf Distanz keine Probleme miteinander haben, können Sie anfangen, den Abstand langsam zu verringern.
- Bevor die Hunde abgeleint werden, erweitern Sie den Abstand erneut.
- Auf ein Kommando leinen Sie beide Hunde ab und bauen Suchspiele ein.
- Laufen Sie normal weiter und verringern dann wieder den Abstand zwischen den Hunden.
- Nachdem sich die Hunde durch diese Übung kennen gelernt haben, sollte es keine Probleme geben. Rüden mögen sich nicht unbedingt gleich, in solch einem Fall würde ich diesen Übungsablauf mehrmals wiederholen.
- Sollte es dennoch zu Raufereien kommen, läuft jeder Hundehalter in eine andere Richtung. Bitte halten Sie sich aus dem Streit heraus und fassen nicht dazwischen. Sinnlose Bissverletzungen können so vermieden werden.

- In den meisten Fällen sehen und hören sich kleine Raufereien viel schlimmer an, als sie eigentlich sind. Also bewahren Sie Ruhe und geben Ihrem Hund die nötige Sicherheit.

**Oft können sich junge Hündinnen gegen freche aufmüpfige Rüden nicht zur Wehr setzen. Hier müssen noch die Hundehalter eingreifen und helfen. Mit zunehmendem Alter, meistens nach der 1. Hitze, nimmt das Selbstvertrauen bei Hündinnen zu, so dass sie dann keine Unterstützung mehr brauchen, um den Rüden in die Schranken zu weisen.**

## Menschenbegegnungen

Mangelnde Sozialisierung, schlechte Erfahrungen oder angeborene Veranlagung können zur Folge haben, dass Ihr Hund ängstlich, unsicher oder aggressiv reagiert. Solche Hunde stellen eine potentielle Gefahr dar. Meistens sind sie schlecht einzuschätzen und nicht selten schnappen oder beißen sie ohne Vorwarnung zu. Hinzu kommt bei einigen Rassen noch ein übersteigerter Schutz- und Wachinstinkt, die Verteidigung vom Revier, von Gegenständen und Futter.

Rassespezifische Merkmale werden oft nicht beachtet.

Zu mir kam eine Hovawartbesitzerin mit einer 6 Monate alten Hündin. Als Problem teilte mir die Halterin mit, dass die Hündin gegenüber anderen Menschen aggressiv reagiert. Auslöser für den Besuch bei mir war ein Vorfall im Wald. Die Besitzer haben einen Waldspaziergang gemacht. An einer Bank haben Sie eine Pause eingelegt und den Rucksack daneben gestellt. Die Hündin wurde dort angebunden. Ohne es zu bemerken, haben sich der Bank andere Passanten genähert, um auf einer Wandertafel nach dem Weg zu schauen. Plötzlich und unerwartet schoss die Hündin hoch, knurrte und zeigte den Passanten ihre schönen weißen Zähne.

Hier müssen 3 Hovawarte an einer Rastgelegenheit warten, ohne vorbeilaufende Menschen zu belästigen oder gar zu ängstigen. Für diese wachsame Rasse ist diese Übung eine Höchstleistung!

Dieses Beispiel soll Ihnen zeigen, dass dieses Verhalten nichts mit mangelnder Prägung oder Sozialisierung und auch nichts mit aggressivem Verhalten zu tun hat. Wer sich im Vorfeld mit dieser Rasse ausgiebig beschäftigt, hätte wissen müssen, dass Hovawarte einen enorm hohen Schutz- und Wachinstinkt haben. Dabei ist es nicht selten, dass vor allem junge Hunde dieses Verhalten zeigen. Ältere Hunde stehen meist schon über den Dingen und sind abgeklärter. Meistens werden Ihre Sachen, wie eben in dem Fall ein Rucksack oder Futter, eventuell auch Einkaufstüten oder Sie selbst bewacht. In dem Fall ist es ein ganz normales Verhalten. Gerade bei solchen Rassen sollte daher noch mehr Wert auf die konsequente Einhaltung der Grundkommandos gelegt werden. Wenn Sie merken, dass Ihr Hund dieses eben genannte Verhalten zeigt, trainieren Sie wieder über Ablenkung und Gehorsam. Wenn sich Ihnen eine Person nähert, nehmen Sie Ihre tollen Leckerlis und veranstalten Sie wieder Suchspiele am Wegesrand oder halten Sie ein Leckerli vor die Nase des Hundes und laufen zügig an der Person vorbei. Sollte Ihr Hund beim Vorbeigehen knurren, geben Sie das Verbotskommando NEIN.

Bei manchen Hundehaltern ist aber auch eine unklare Rangfolge Ursache für dieses Verhalten. Sie sollten gegebenenfalls die Rangordnung überprüfen und wenn nötig, auch ändern! Mehr dazu finden Sie im Kapitel Rangordnung.
Es gibt Hundehalter, die es toll finden, von Ihrem Hund bewacht zu werden und dieses Verhalten nicht unterbinden. Gerade bei Rassen mit einem hohen Schutz- und Wachinstinkt können sich schnell ernste Probleme entwickeln. Wenn Sie merken, dass dieses Verhalten immer ausgeprägter wird, empfehle ich Ihnen dringend kompetente Hilfe in Anspruch zu nehmen.

Bei unserem Beispiel konnte ich bei der 6 Monate alten Hündin nach einer ausführlichen Außeneinheit keine Aggressionen gegenüber Menschen feststellen. Das richtige Training zeigte auch innerhalb kürzester Zeit Erfolg. Diese Hundehalter müssen lernen, sich auf Verhaltensweisen des Hundes einzustellen und durch vorzeitiges Erkennen dem Hund keine Möglichkeit zu geben, seinen Veranlagungen nachzukommen. Sicherlich kann man gewisse Situationen üben, doch der Schutz- und Wachinstinkt selbst kann natürlich nicht vollständig abtrainiert werden.

Unser Hovawartrüde hat mich mehrmals eines Besseren belehrt. Gezielt habe ich mit ihm alles geübt, was mit alltäglichen Umweltsituationen zu tun hat. Auf dem Rückweg von meiner Gassirunde, es wurde schon dunkel, hielt neben mir ein Taxi. Der Taxifahrer ließ die Scheibe herunter und fragte mich nach dem Weg. Bevor der Taxifahrer seine Frage zu Ende stellen konnte, war mein Hund der Meinung: Hier droht Gefahr! Laut bellend wollte mein kleiner Süßer zu dem Herrn ins Taxi, schließlich war der Beifahrersitz noch frei. Wirklich schade war in dieser Situation nur, dass ich diese Übung gern mit meinem Hund bis zu Ende geübt und dem Herrn natürlich auch den Weg beschrieben hätte. Doch offensichtlich fand er uns wohl nicht so nett und hat es vorgezogen, einfach weiter zu fahren. Irgendwie verständlich, dennoch hätte ich für meinen Hund gleich eine schöne Übung daraus aufbauen können. Im übrigen hat uns bis heute nie wieder ein Taxifahrer nach dem Weg gefragt und die Übung steht immer noch aus....

Das war so eine Situation, die man schlecht üben kann. Hinzu kam noch die Dämmerung. Wenn man Übungen nachstellt, kennen die Hunde meistens die Fahrer oder die Autos oder es sind noch andere Hunde dabei. Hieran kann man sehr schön erkennen, dass nachgestellte Übungen nicht unbedingt den gleichen Lerneffekt haben wie realistische Alltagssituationen.

Es gibt Rassen, bei denen man immer hellwach sein muss, die von ihren Besitzern absolute Chefeigenschaften verlangen und andere Rassen, die nichts aus der Ruhe bringt.

## Angst und Aggressionen

Wie ich bereits erwähnt habe, sind ängstliche Hunde häufig ein großer Risikofaktor. Sie sind sehr schlecht zu durchschauen, zeigen meistens vorher keine Anzeichen und können völlig unvorhergesehen schnappen oder beißen.

Das Training mit solchen Hunden sollten Sie NIE ohne kompetente Hilfe angehen. Sehr viele Hundehalter unterstützen durch eigene Fehler unbewusst das ängstliche Verhalten und können dadurch sogar Aggressionen hervorrufen. Daher möchte ich zu diesem Thema hier auch keine weiteren Trainingsansätze erwähnen. Der Einsatz von Leckerlis ist hier nur bedingt möglich und muss immer zum richtigen Zeitpunkt erfolgen. Durch die Gabe von Leckerlis im falschen Moment bestätigen Sie eventuell erst recht das ängstliche Verhalten. Oft haben Hundehalter nicht das nötige Hintergrundwissen und müssen selbst erst lernen, ihren Hund richtig zu verstehen.

Igor zeigt dem anderen Hund deutlich, dass er ihn in Ruhe lassen soll.
Dieses normale Verhalten wird häufig mit Aggressivität verwechselt.

**Laute Geräusche**

Silvesterknallerei, Gewitter oder andere laute Geräusche können Ihren Vierbeiner in Panik versetzen. Extrem ängstliche Hunde, die in Stresssituationen eher weglaufen, sollten grundsätzlich an der Leine spazieren gehen. Die Leine kann für solche Hunde lebensrettend sein. Sie können natürlich auch eine 10m-Leine benutzen, jedoch würde ich die Handschlaufe festhalten.

Eine gute Bekannte fragte mich, ob ich Ihre Bearded Collie Dame für einen Tag betreuen könnte. Ich kannte sie bisher vom Trainingsplatz und wusste, dass sie bei Gewitter Angst hat. Die Hündin kannte mich auch, so dass ich keine fremde Person für sie war. Unser Nachmittagsspaziergang führte uns an diesem Tag an eine Kiesgrube, die noch in Betrieb war. An der Kiesgrube angelangt, drehte sich die Hündin um und rannte einfach in die Richtung, aus der wir gekommen waren. Was sollte ich machen? Ich tat natürlich das gleiche und ging auch wieder in diese Richtung, um den Hund zu suchen. Am Auto angekommen, fiel mir ein Stein vom Herzen. Die Hündin lag unter meinem Auto und hatte dort Schutz gesucht. Zum Glück musste sie keine Straße überqueren, da wir direkt auf einem Waldweg geparkt hatten. Als am Abend die Hündin wieder abgeholt wurde, erzählte ich meiner Bekannten von dem Vorfall. Sie sagte mir dann, dass es mit Sicherheit die Geräusche vom Abraumbagger im See oder die Förderbänder waren. Allerdings befand sich die Lärmquelle am anderen Ende des Sees, ca. einen km Luftlinie von uns entfernt. Für mich waren diese Geräusche ganz normal, und man hat sie eigentlich kaum wahrgenommen.

Hier werden die Welpen vorbildlich auf viele Geräusche geprägt!

Leider zeigen viele Hunde dieses Verhalten. In Angstsituationen laufen sie von ihren Besitzern lieber weg, anstatt zu ihnen hin. Hier sollte man intensiv an der Bindung arbeiten. Der Hund soll nur positive Erfahrungen in Verbindung mit Ihnen machen. Konfrontieren Sie den Hund mit leichten Geräuschen und bestätigen Sie, wenn er überhaupt nicht reagiert und nicht ängstlich ist. Üben Sie ein sicheres Abrufen jeden Tag mehrmals. Wenn Sie rufen, muss der Hund sofort zu Ihnen kommen. Ignorieren Sie grundsätzlich ängstliches Verhalten. Führen Sie Ihren normalen Tagesablauf so fort, als wäre nichts geschehen. So geben Sie dem Hund Sicherheit und zeigen ihm, dass alles okay ist. Sie streicheln den Hund niemals in ängstlichen Situationen und reden auch nicht mit melancholischer Stimme auf ihn ein. In diesem Fall würden Sie nur das Gegenteil bewirken. Der Hund würde falsch verknüpfen: Wenn ich ängstlich bin, bekomme ich Aufmerksamkeit und Zuneigung und mein Verhalten war richtig.

Das Geräusch des Anheizens bei Heißluftballons löst bei vielen Hunden Angst aus. Ihr Hund muss daher lernen, in für ihn bedrohlichen Situationen immer zu Ihnen zu kommen.

Geräusche-CD's erfüllen ihren Zweck meistens nur zur Konditionierung im Welpenalter. Welpen, die bereits mit allen gängigen Geräuschen konfrontiert wurden, haben damit häufig keine Probleme im Alltag. Bei einem Hund, der zum Beispiel Angst vor Gewitter hat, hat sich die Geräusche-CD nicht bewährt. Wir haben bei einem Jack Russel Terrier den lautesten Ton eingestellt. Der Hund hat überhaupt keine Reaktionen gezeigt. Gewitter aber lösen bereits vorher Luftveränderungen aus, es wird windiger und dunkler. Die ganzen Nebeneffekte eines Gewitters kann die CD nicht identisch wiedergeben.

## Futter verteidigen

Futter ist oft ein Grund für Hundeauseinandersetzungen. Hier gibt es klare Regeln und wenn Sie diese beherzigen, kann auch nichts schief gehen.

Füttern Sie grundsätzlich keine anderen Hunde. Auch wenn Ihr Hund sonst Ihre Futtertasche nicht verteidigt, kann es zu Reibereien kommen.

Wenn ein anderer Hund zu Ihnen betteln kommt, ignorieren Sie ihn und gehen einfach weiter. Wenn Sie stehen bleiben und der andere Hund versucht, an Ihrer Futtertasche hochzuspringen, kann das wiederum ein Auslöser für Ihren eigenen Hund sein, das Futter zu bewachen.

Wird ein Hund regelrecht penetrant, dann bitten Sie den Besitzer darum einzugreifen und den Hund wegzuholen.

**Provozieren Sie keine Beißereien!**

Erst vor kurzem wurde eine Labradorhündin mehrfach bösartig gebissen, da sie nur zum falschen Zeitpunkt am falschen Ort war.
Zu einem Gruppenspaziergang war eine Hündin, die die Futtertasche ihres Frauchens permanent bewacht und auch ohne Vorwarnung verteidigt, mit. Ich habe alle noch einmal darauf hingewiesen, keine anderen Hunde zu füttern.
Doch was dann passierte, war so unglaublich und ließ mich daran zweifeln, ob manche Menschen wirklich einen logischen Verstand haben und diesen auch benutzen.
Alle haben sich an die Order gehalten und nur den eigenen Hund gefüttert. Sobald die Hündin ankam und auch etwas wollte, haben wir dies ignoriert bzw. die leere Hand gezeigt. Unser Rüde, absolut verfressen, setzt sich gern mal vor Bekannte, in der Hoffnung: Für die Übung SITZ bekomme ich doch bestimmt ein Leckerchen. Das finden viele Hundehalter natürlich toll.
Kaum saß er vor dieser Hundehalterin, ging die Hand in die Tasche und natürlich gab es ein Leckerchen. Ehe man sich versah, saßen gleich mehrere Hunde vor ihr, einschließlich des eigenen. Schließlich wollten alle etwas abhaben. Die Hundehalterin verteilte fröhlich die Leckerlis weiter. Die Hunde, die dort nebeneinander saßen, kannten sich schon lange. In dem Moment kam die Labradorhündin und wollte nur an der Gruppe vorbeigehen. Die futterneidische Hündin stürzte sich plötzlich auf diese und versetzte ihr mehrere tiefe Bisswunden. Innerhalb weniger Sekunden brach für diese Hündin eine Welt zusammen. Die Verletzungen sind relativ schnell verheilt, doch das, was tief im Kopf verknüpft wurde, hat seine Zeit gedauert. Seit dem Vorfall hatte die Hündin Angst vor großen blonden Hunderassen. Auch unsere Hunde, die ihr nichts getan hatten und die sie nur als Freunde kannte, lösten bei ihr schon panische Angstzustände aus. Ein halbes Jahr Training war nötig, damit die Hündin heute wieder zu großen blonden Hunden Vertrauen hat und nicht mehr davonläuft.

**Welpenschutz**

Vertraut man den Aussagen mancher Hundehalter, so sollen Welpen den sogenannten Welpenschutz genießen. Unter Welpenschutz verstehen viele Hundehalter, dass Welpen nicht von anderen Hunden angegriffen werden und dass sie sogar Narrenfreiheit haben und sich ausgewachsenen Tieren gegenüber durchaus frech und manchmal rüpelhaft benehmen dürfen.
Doch die Praxis sieht anders aus. Es kommt auf Grund dieses Märchens oft zu Verletzungen, die sogar zum Tod eines Welpen führen können. Mitunter ist es in der Tat sehr erstaunlich, wie weit Welpen und junge Hunde im Kontakt und im Spiel mit fremden Hunden gehen dürfen. Es mag schon richtig sein, dass viele Hunde die Welpen nur maßregeln und nicht bösartig zubeißen. Der Großteil der Welpen versteht dieses Maßregeln auch. Doch einen sicheren Welpenschutz gibt es nur im eigenen Familienverband.
Wenn Sie merken, dass Ihr Welpe die Warnungen des anderen Hundes nicht akzeptieren will und ihm nach wie vor auf der Nase herumtanzt, so sollten Sie auch im Interesse des anderen Hundes Ihren Hund anleinen und weiter gehen. Es gibt durchaus erwachsene Hunde, die Welpen stressig bzw. nervig finden. Warten Sie nicht so lange, bis etwas passiert! Immer wieder höre ich auch die Meinung: „Na, wenn er so frech ist, muss er da durch". Wenn die Hunde alters- und kräftemäßig auf einem Stand sind, mag diese Meinung ja noch vertretbar sein. Aber ein Welpe hat gegen einen ausgewachsenen Hund meistens keine Chance. Die Größe des Hundes spielt dabei eine untergeordnete Rolle. Auch ein kleiner Jack Russel Terrier wäre in der Lage, einen Welpen schwer zu verletzen.

Der Vater zu Besuch bei seinen Welpen

**Buddeln & Jagen**

Wenn ich Hundehalter zu Hause besuche, kann ich mir bei der Besichtigung des Gartens manchmal ein Schmunzeln nicht verkneifen. Ich frage dann aus Spaß nach der Gartenbaufirma, die den Garten so wunderschön in Form einer Berg- und Tallandschaft gestaltet hat. Die Besitzer schauen mich nun fragend an, merken aber recht schnell, auf was ich hinweisen möchte.
Wir besitzen schon seit über 20 Jahren Hunde. In unserem Garten gab es noch NIE auch nur ein Buddelloch.

Unterwegs trifft man öfter Hunde, die buddeln. Nur frage ich mich genau so oft, wo denn die dazugehörigen Besitzer sind. Die hatten keine Lust zu warten, bis ihr Hund fertig ist und sind schon mal vorgelaufen, so nach dem Motto: Der wird schon kommen. Dabei sind 200-500m keine Seltenheit als Entfernung zwischen Hund und Halter. Irgendwann wird dann mal aus dieser Entfernung gerufen, was die Stimme hergibt, tja aber er kommt nicht. Nun wird noch ein bisschen geflucht und schließlich läuft man die Strecke zum Hund zurück. Endlich beim Hund angekommen, ist dieser schon fast in seinem Loch verschwunden. Und wieder wird geflucht, wie er denn aussieht. Der halbe Hund gleicht einer Schlammlawine, überall nur Dreck. Soll das wirklich Spaß machen? Ich kann mir durchaus eine bessere Beschäftigung vorstellen, als meinen Hund täglich zu baden und vom Schlamm zu befreien.

So lange Sie dem Hund nicht verbieten zu buddeln, wird er es natürlich täglich wiederholen. Schließlich ist das auch eine Form des Trainings, nennen wir es halt Buddeltraining. Vielleicht sollte man dazu eine Prüfungsordnung beim VDH beantragen und täglich reichlich trainieren.

Spaß beiseite, es kann ja nicht angehen, dass Hundehalter ihrem Hund erlauben, fremde Wege, Wiesen, Felder oder Wälder zu zerstören. Ich kann die Besitzer dieser Flächen sehr gut verstehen, wenn Hunde dort nicht gern gesehen sind. Buddellöcher bieten außerdem hohe Gefahrenquellen. Hunde, Menschen oder Pferde treten in die Löcher und verletzen sich zum Teil schwer. Vielleicht geht der eine oder andere Hundehalter mal in sich und lässt sich diesen Aspekt durch den Kopf gehen.

In meinen Augen ist Buddeln eine chronische Unterforderung eines Hundes. Hunde, die keine Aufgabe haben, die nicht gefördert und gefordert werden, suchen sich einen Ausgleich. Der eine bewacht sein Grundstück auf Teufel komm raus und der andere buddelt sich futuristisch durch die Landschaft. Buddeln ist für Hunde eine Art Selbstbelohnung. Sie haben gelernt, wenn ich buddle, komme ich an die Maus oder den Maulwurf, lecker. Auf Felder werden viele chemische Substanzen gestreut oder gegossen, und die Mäuse nehmen dies automatisch mit auf. Das kann für Ihren geliebten Vierbeiner auch ernstzunehmende gesundheitliche Probleme hervorrufen. Nicht jede Maus ist eine BIO-Maus.

Wenn Ihr Hund buddelt, gibt es zwei Möglichkeiten. Zum einen würde ich den Hund an eine 10m-Schleppleine nehmen und zum anderen kann man mit Discscheiben bzw. einer Klapperdose üben.
Ich würde das Verhalten sofort im Ansatz mit meinem Verbotskommando NEIN unterbinden. Wenn der Hund das NEIN nicht beachtet und weiter buddelt, schmeißen Sie die Discscheiben bzw. die Klapperdose neben den Hund. Aber vorsichtig bei ängstlichen und geräuschempfindlichen Hunden! Die können sich so erschrecken, dass die Bindung zu Ihnen gestört ist. Sie können die Konditionierung auf dieses Trainingshilfsmittel auch von einer dritten Person durchführen lassen. Wenn die Scheiben neben dem Hund landen, wird der Hund danach schauen. In dem Moment unterlässt der Hund seine Buddelphase und Sie haben die Möglichkeit, Ihren Hund abzurufen.
Sie können natürlich auch nur das Ende der Schleppleine nehmen und Ihren Hund einfach vom Loch wegziehen. Mitunter hilft es sogar, sich auf das Loch zu stellen und dem Hund mit dem Kommando NEIN immer wieder klar zu machen: „Nein, das gibt es nicht". Viele Hunde versuchen dann neben unseren Füßen weiter zu buddeln, gehen Sie energisch auf diese Stelle und geben Sie erneut das Kommando NEIN.
Natürlich wird es nicht viel nützen, nur das Verhalten zu unterbinden. Bieten Sie dem Hund Alternativen an. Legen Sie das Buddeln zum Beispiel in Nasenarbeit oder Apportiertraining um. Testen Sie das Clickertraining, bieten Sie dem Hund ganz einfach Abwechslung an. Wenn Sie das mehrere Tage praktizieren, werden Sie merken, dass Buddeln immer mehr an Attraktivität verliert. Sobald Sie die Beschäftigung aber wieder vernachlässigen, dürfen Sie sich nicht wundern, dass er wieder anfängt zu buddeln.

Viele Hundehalter haben keine Einfälle, was man mit dem Hund alles spielen und üben kann. Ich frage dann gern mal nach, ob sie denn ihre Kinder in ein Zimmer oder den Garten gesperrt und sich selbst überlassen haben?

Natürlich kam bei allen ganz empört die Antwort: „Nein". Auf meine nächste Frage, warum sie aber ihren Hund sich selbst überlassen und nicht genügend beschäftigen, bekam ich ein Schmunzeln und bei den meisten hat es Klick gemacht. Nach dieser Frage fanden es auf einmal alle logisch, dass ein Hund beschäftigt werden muss. Hundeerziehung ähnelt in sehr vielen Fällen der Kindererziehung. Was hätten unsere Kinder alles angestellt, wenn wir keine klaren Regeln gegeben hätten und Beschäftigung ein Fremdwort gewesen wäre?

Buddellöcher sind für Menschen, Hunde und Pferde gefährlich. Unterbinden Sie daher sofort das „Buddeltraining"

Charly beginnt gerade mit dem Buddeln

Nach wenigen Sekunden ist schon der ganze Kopf weg

Sofort wird das Buddeln unterbunden. Stellen Sie sich einfach auf das Loch und geben Sie Ihr Verbotskommando NEIN.

Den Hund nun sofort über Leckerlisuchspiele ablenken.

Reif für die Hundedusche!

## Jagen

Viele Hundebesitzer kennen das Problem: Stundenlang sind manche Hunde weg und die Zeit kommt einem immer länger vor, bis der geliebte Vierbeiner wieder auftaucht. Alles Mögliche spielt man im Kopf durch. Was ist, wenn der Jäger zufällig unterwegs ist, hoffentlich läuft er nicht in ein Auto und wenige Minuten von hier ist auch noch eine Eisenbahnstrecke. Man steht wie gelähmt da und wartet darauf, dass der Hund doch bitte endlich wiederkommt.
Das Thema Jagen ist so komplex, dass es den Rahmen dieses Buches sprengen würde. Ich möchte nur kurz auf einige Fehler eingehen, die Hundehalter am häufigsten machen.
Ich habe in einer meiner Junghundgruppen gerade eine Weimaraner Hündin, 7 Monate alt. Letzte Woche hatte ich den Besitzer gefragt, wie es mit dem Jagdverhalten aussieht. Als Antwort bekam ich voller Stolz zu hören: „Sie jagt überhaupt nicht". Meine nächste Frage war nun, ob sie auch keine Vögel jagt. Der Besitzer antwortete: „Doch Vögel schon, aber da kommt sie gleich wieder".
Das ist einer der größten Fehler, den ganz viele Hundehalter machen. Warum bitte schön zählt denn das Jagen von Vögeln nicht zum Jagdverhalten? Der Hund kommt doch nur wieder, da der Vogel wegfliegt. Was wäre denn, wenn der Vogel nicht mehr fliegen kann? Der Hund hätte seine erste Jagdtrophäe. Unser logischer Menschenverstand sagt uns, wenn der Hund zum Vogel rennt, fliegt dieser weg. Erstaunlich ist, dass dieses Wissen Grund genug ist, den Hund nicht vom Jagen abzuhalten. Wie soll denn der Hund aber am nächsten Tag wissen, dass der Hase nicht fliegen kann?
Wenn Sie sehen, dass Ihr Hund einen Vogel jagen will, unterbinden Sie das sofort mit einem scharf ausgesprochenen Verbotskommando wie NEIN. Bitte betonen Sie das Kommando auch wirklich richtig.

1. Charly hat etwas entdeckt,
2. nimmt die Spur auf ..
3. und ab geht es

Der Hund soll schon im Ansatz merken, wenn er den Vogel anvisiert und in eine Startposition geht, dass Sie es wirklich ernst meinen. Wenn Ihnen das gelingt, haben Sie schon die halbe Miete. Natürlich werden Sie den Hund in solch einem Moment festlich belohnen, so eine Art Jackpot. Ich halte meinen Hunden dann die komplette Leckerlitasche hin, und sie dürfen sich einmal mit der Schnauze mehrere Brocken nehmen. Der Hund wird somit lernen, dass es sich lohnt zu mir zu kommen, anstatt jagen zu gehen. Als Belohnung nehme ich auch öfter mal eine Hand voll Leckerlis und schmeiße sie weg. Solche Suchspiele lenken den Hund von seinem eigentlichen Vorhaben ab.

Jeder Hund zeigt schon vorher deutliche Signale. Die Augen und Ohren, die Rute sowie die Nase zeigen uns, dass irgend etwas Tolles in der Nähe ist oder war. Auch das Anheben eines Vorderbeines zeigen Hunde häufig, und das sollte unsere Aufmerksamkeit erhöhen. Der Hund setzt zuerst seine Augen, dann die Ohren und zuletzt seine Nase ein.
Lassen Sie Ihren Hund auf Spaziergängen nicht vom Weg ins Gebüsch laufen. Im Gebüsch sitzen oft kleine Vögel. Durch den Ausflug ins Unterholz werden die Vögel aufgescheucht, und der Hund geht wieder seinem Jagdinstinkt nach. Außerdem sitzen dort oft massenweise Zecken, so dass es mehrere Vorteile hat, den Hund nur auf dem Weg laufen zu lassen.

**Typische Lauerstellung, eine Pfote wird angehoben**

Hunde, die zum Jagen neigen, sollten lernen, sich immer in Ihrer näheren Umgebung aufzuhalten.
Verbieten Sie Ihrem Hund, dass er buddelt. Buddeln ist auch eine Jagd, nämlich auf Mäuse oder Maulwürfe. Unterbinden Sie die Jagd auf alles, was sich bewegt, wie Jogger, Fahrradfahrer, Inlineskater, Walker, Züge, Autos und dergleichen. Lenken Sie seine Aufmerksamkeit auf sich um und machen Sie mit ihm tolle Spiele.

Dem Hund das Jagen abzugewöhnen, ist in vielen Fällen nicht möglich. Auch wenn es Hundetrainer gibt, die eine 100% Ausbildungsgarantie geben. Das kommt aber mehr der Scharlatanerie gleich, als einem objektiven Trainingskonzept. Hören Sie auf Ihren menschlichen Verstand und setzen Sie auch auf Anraten von sogenannten Fachleuten keine Starkzwangmitteln ein. Wenn Sie Glück haben, jagt Ihr Hund nach dem Einsatz von solchen Mitteln nicht mehr, doch ich kann Ihnen versichern, der Großteil tut es nach wie vor. Man kann Hunde nicht für genetische Anlagen bestrafen. Es liegt nun mal im Naturell eines Hundes. Je nach Rasse ist es mehr oder weniger ausgeprägt. Zum einen sind Starkzwangmittel moralisch nicht vertretbar und zum anderen können sie zu

großen gesundheitlichen oder psychischen Problemen führen. Hundehalter, die Stromgeräte etc. zum Training nutzen, haben keinerlei Respekt vor dem Individuum Hund. Hundetrainer, die Hundehaltern diesen Einsatz empfehlen und ins Training einbauen, lege ich ans Herz, sich einmal näher mit dem Lernverhalten von Hunden zu beschäftigen. Oft zählt nur der finanzielle Aspekt und der Erfolgsdruck, schnell ans Ziel zu kommen. In alten Vereinsstrukturen werden heute noch häufig derartige Folterspielzeuge eingesetzt, da hier der Leistungsdruck durch Prüfungen eine wichtige Rolle spielt.

Man sieht Hunde arbeiten, die ständig die Ohren anlegen und lustlos neben dem Besitzer herlaufen.
Natürlich wird auch oft die Frage gestellt, ob es denn nicht besser wäre, den Hund lieber einmal mit dem Stromhalsband zu bearbeiten, denn es könnte ihm ja schließlich das Leben retten. Er könnte ja beim Jagen überfahren oder vom Jäger erschossen werden. Diese Frage ist durchaus berechtigt. Hinter dieser Frage steckt eine gewisse Logik, die dazu benutzt wird, den Einsatz dieser Geräte schönzureden. Wer will schon, dass sein Hund überfahren oder vom Jäger abgeschossen wird?
Stellen sich einmal vor, Ihr Sohn hätte sich täglich mit Mitschülern geschlagen. Es gab ständig Ärger. Aussprachen und Strafen haben keine Wirkung gezeigt. Schließlich haben Sie professionelle Hilfe gesucht, und dort hätte man Ihnen geraten, es mal mit einem Stachelhalsband oder einem Stromgerät zu versuchen. Dann wird er dieses Verhalten schon lassen. Der Gedanke daran kommt Ihnen doch bestimmt absurd vor. Doch spinnen wir einfach mal weiter. Stellen wir uns vor, Sie hätten dem Folge geleistet. Sie hätten dem Kind ein Stachelhalsband umgelegt und in dem Moment, in dem er einen Mitschüler schlagen wollte, heftig daran geruckt. Versetzen Sie sich nun in die Lage des Kindes. Inwieweit wäre Ihre Beziehung, Ihre Bindung oder Ihr Vertrauen noch intakt? Die gleiche Frage sollten wir uns in Bezug auf den Einsatz beim Hund stellen. Also entschließen Sie sich bitte, dem Hund zuliebe, zu einer sanfteren Methode. Als Hundehalter muss man flexibel sein. Sie müssen genetische Veranlagungen Ihres Hundes akzeptieren und lernen, damit umzugehen. In diesem Fall ist die Schleppleine Pflicht, und tägliches Training unbedingt nötig, denn das rettet dem Hund auch das Leben, aber auf freundliche Art und Weise. Mit zunehmendem Alter werden Hunde im allgemeinen ruhiger, und auch das Jagdverhalten reduziert sich. Ich würde gezielt in wildreicher Umgebung spazieren gehen und immer wieder den Rückruf üben. Viele Hundehalter meiden solche Gebiete. Das ist aber falsch! Nur zu Beginn des Trainings sollten Sie ein Gelände wählen, wo sich wenig Wild aufhält. Wenn Sie dem Problem aus dem Weg gehen, werden Sie sich dem Ziel nicht nähern, geschweige denn dort ankommen.
Arbeiten Sie ganz viel über Alternativen, wie Suchspiele, Versteckspiele und dergleichen. Anregungen dazu finden Sie im nachfolgenden Kapitel.

## Kommandos auf Entfernung

Wenn Ihr Hund alle Kommandos beherrscht, können Sie anfangen, diese zusätzlich auf Entfernung zu üben. Das hat den Vorteil, dass man einen Hund auch in unvorhersehbaren Situationen gut unter Kontrolle hat. Jeder kennt bestimmt die Situation, dass von hinten ein Jogger oder Fahrradfahrer naht, ohne diesen

vorher bemerkt zu haben. In diesem Fall würde ich meinen Hund auf Entfernung das Kommando SITZ und BLEIB geben. Da diese Übung sehr schwer ist, zeige ich dauerhaft zur Unterstützung mein Handzeichen. Der Hund soll sich auf mich konzentrieren und nicht auf die

nahenden Passanten. Würde ich den Hund zu mir abrufen, bestünde die Gefahr, dass er dem Fahrradfahrer vor die Räder rennt oder ihn sogar verfolgt. In diesem Fall sitzt der Hund da und die Passanten können in Ruhe vorbeifahren bzw. -laufen.

**Familie & Hund**

In den meisten Familien muss jedes Mitglied mal mit dem Hund spazieren gehen. Daher ist es von großer Wichtigkeit, dass alle Familienmitglieder die gleichen Kommandos und die gleichen Sichtzeichen verwenden. Der Übungsaufbau sollte von jedem Familienmitglied in gleicher Reihenfolge abgerufen werden. Nehmen wir einmal als Beispiel die Rückrufübung: Herrchen bleibt immer stehen und wartet, bis der Hund auf das Kommando HIER direkt zu ihm kommt. Dann gibt es die Belohnung für die Ausführung des Kommandos sowie das Freigabekommando. Erst dann läuft der Hund wieder vor. Nun geht aber am folgenden Tag Frauchen eine Runde mit dem Hund. Beim Kommando HIER bleibt sie nicht stehen, sondern geht weiter, also dem Hund entgegen. Da der Hund diesen Ablauf des Rückrufkommandos so nicht kennt, kann es passieren, dass der Hund nicht bis zum Frauchen läuft, sondern sich umdreht und die Übung demzufolge nicht korrekt ausführt. Legen Sie also großen Wert darauf, dass alle Familienmitglieder beim Training dabei sind. Jeder darf mal abwechselnd üben. Wenn Sie alle gemeinsam spazieren gehen, sollten Sie sich vorher absprechen, wer dann für die Kommandos zuständig ist. Es gibt nichts Schlimmeres, als den Hund von mehreren Seiten mit Kommandos zuzuschütten. Wenn mehrere Familienmitglieder mit dem Hund spazieren gehen, haben Sie auch die Möglichkeit, die anderen bei der Arbeit zu beobachten und gegebenenfalls zu korrigieren. Sprechen Sie den falsch ausgeübten Ablauf noch mal durch und bauen Sie die Übung erneut auf.

## In der Gruppe spazieren gehen

Spaziergänge mit Artgenossen erfreuen viele Hunde und sind wichtig für Ihren Vierbeiner. Dennoch ist es mitunter besser, dass Sie alleine mit Ihrem Hund spazieren gehen, als ihn unerzogenen, nichthörenden oder pöbelnden Artgenossen auszusetzen. Kontakt und Spiel mit anderen Vierbeinern sind sehr wichtig, aber können unkontrolliert auch negative Verknüpfungen hervorrufen. Suchen Sie für Ihren Hund Spielpartner, die sich benehmen können, die Kommandos befolgen und keinen Unsinn im Kopf haben. Im Rudel verhalten sich Hunde oft anders und schauen sich gute oder schlechte Verhaltensweisen von anderen Hunden sehr schnell ab. Viele unterschätzen dieses Verhalten, und aus einem Spiel können von einer Minute zur anderen Mobbing oder kleine Beißereien entstehen. Ein Hund jagt einem Jogger hinterher, der andere buddelt und der nächste bellt laufend. Das sind für Ihren Vierbeiner viele Eindrücke, und es kann passieren, dass Ihr Hund eine dieser Verhaltensweisen dadurch lernt. Nutzen Sie den Spaziergang nicht nur, um die neuesten Kochrezepte auszutauschen, sondern gestalten Sie auch einen Gruppenspaziergang abwechslungsreich mit Spiel, Spaß und Training. Beobachten Sie Ihren Hund aufmerksam und unterbinden Sie unerwünschtes Verhalten im Ansatz.

Achten Sie darauf, dass Hunde im Spiel nicht gemobbt werden.
Kleine Hunde, die schnell rennen, werden oft als Beute angesehen.
Ihr Hund muss auch in der Gruppe Ihren Kommandos folgen!

## Autogassi

Ich weiß nicht, ob ich irgendeine neue Forschungsstudie verpasst habe und die moderne Form der Gassirunde nun vom Auto ausgeführt wird? Immer mehr Hundehalter gehen mit Ihren Hunden nicht mehr spazieren, sondern setzen sich ins Auto und lassen den Hund hinterher laufen. Wie praktisch! Meines Erachtens steht hier nicht die körperliche Bewegungseinschränkung im Vordergrund, sondern eher die geistige Beschränktheit des Hundehalters.

## Mit dem Auto fahren

Autofahren wird normalerweise beim Züchter in der 5.-6. Woche mehrmals geübt und somit geprägt. Die erste längere Autofahrt müssen Hunde absolvieren, wenn sie vom Züchter abgeholt werden bzw. von einer anderen Stelle. Bei vielen Hunden löst Autofahren Brechreiz aus, manche sabbern nur. Es liegt nun an Ihnen, das Auto interessant zu machen. Ich bin grundsätzlich mit meinen Hunden täglich Auto gefahren. Die Hunde haben sehr schnell verknüpft, dass man mit dem Auto an eine besonders schöne Stelle kommt. Dort geht man spazieren, spielt und trifft Artgenossen. Hunde verbinden dann Autofahren mit etwas Schönem. Viele Hundehalter machen den Fehler und lassen das Autofahren einfach weg. Wer freut sich schon, wenn der Hund das Fressen im Auto wieder ausspuckt? Wenn Sie wissen, Ihr Hund muss heute mitfahren, lassen Sie die Mahlzeit vorher weg und geben Sie diese erst danach. Machen Sie das Auto interessant. Lassen Sie einfach die Türen auf und den Hund selbst auf Erkundungstour gehen. Sie können auch mal das Lieblingsleckerli im Auto verfüttern. Oft höre ich, dass das Autofahren sogar gerne angenommen wird, wenn es doch so gut „schmeckt". Am Anfang nur kurze Strecken fahren und langsam steigern. Fahren Sie nicht jedes Mal gleich los, setzen Sie den Hund mal ins Auto und lassen ihn schnüffeln oder etwas Leckeres fressen und nehmen ihn dann wieder heraus. Für die Formel-Eins-Rennfahrer unter Ihnen: Nehmen Sie die Kurven etwas schonender. Ihr Hund wird es Ihnen danken!

**Übungen für den Alltag**

Viele Hundehalter können die Reaktion Ihres Hundes sehr schlecht einschätzen. Gewöhnen Sie sich grundsätzlich an, Ihren Hund immer im Auge zu haben und beobachten Sie seine Reaktion auf:

- Menschen
- Kleine Kinder
- Halbwüchsige
- Behinderte/Kranke
- Lieferanten
- Hutträger
- Babys/Kinderwagen
- Schulkinder
- Laute Menschen
- Jogger
- Uniformierte/Postträger
- Fahrende Autos
- Katzen
- Lärm/Krach
- Motorräder
- Fahrräder
- Brücken
- Glitschige oder glatte Untergründe und Böden
- Augenkontakt mit Fremden
- Besuch im Haus
- Streicheln durch Fremde

**Wichtige Trainingstipps**

- Trainingseinheiten sollten immer kurz und knapp gehalten werden. Wiederholen Sie die Übungen nicht ständig, bis der Hund keine Lust mehr hat.
- Beenden Sie das Training immer mit einem Erfolgserlebnis, also mit einer leichten Übung.
- Lassen Sie Ihrem Hund Zeit zum Verarbeiten des Erlernten, auch wir verarbeiten Dinge meistens erst, wenn wir zur Ruhe kommen.
- Dosieren Sie Training, Spiel & Spaß in einem richtigen Verhältnis. Unterforderung, aber auch Überforderung können zu Problemen führen.
- Setzen Sie sich Trainingsziele, es wird immer nur eine Übung gelernt oder gefestigt, niemals mehrere auf einmal. Erst wenn diese Übung richtig verknüpft ist und sicher ausgeführt wird, erweitern Sie das Training und bauen die nächste Übung ein.
- Trainieren Sie anfänglich immer ohne Ablenkung und steigern Sie diese langsam in kleinen Schritten.
- Belohnen Sie Ihren Hund, wenn er aufmerksam ist.
- Kommandos, die Ihr Hund nicht korrekt ausführt, sollte man durch einen neuen Begriff ersetzen. Beispiel: alt KOMM HER, neu HIER. Eine Korrektur dauert länger, als die Konditionierung auf ein neues Kommando!

- Bringen Sie Abwechslung ins Training, lassen Sie Ihrer Phantasie freien Lauf, erinnern Sie sich, was Sie mit Ihren Kindern alles gemacht haben und vor allem, wie Sie mit Ihnen gespielt haben. Sie dürfen auch mit Ihrem Hund einfach nur mal so richtig rumblödeln. Auch solche Aktivitäten fördern die Bindung.
- Trainingsrückfälle kommen immer wieder vor, gehen Sie einen oder eventuell auch mehrere Schritte zurück und bauen die Übung wieder in Ruhe auf.
- Geben Sie Ihrem Hund immer eindeutige Kommandos. Nicht nur den Namen des Hundes rufen!
- Wenn Sie stupide neben Ihrem Hund herlaufen und nicht mit ihm spielen bzw. ihn fördern und fordern, müssen Sie sich nicht wundern, wenn ihr Hund lieber einen Hasen jagt, ein riesengroßes Loch buddelt oder vielleicht einen Jogger zum Fressen gern hat.
- Bauen Sie in den Spaziergang auch immer Übungen des Grundgehorsams wie SITZ, PLATZ, BLEIB ein. Lehren Sie immer in kurzen Einheiten, der Hund sollte bei Beendigung der Übungen noch Spaß daran haben und voll bei der Sache sein.
- Konditionieren Sie den Hund auf ein Spielzeug. Am besten auf einen Ball mit Kordel. Diesen Ball gibt es nur auf dem Spaziergang, er ist sonst nicht zur freien Verfügung.

- Den Hund nicht nur zum Anleinen rufen.
- Dem Welpen beim Kommen noch keine Befehle entgegen rufen.
- Nie aussichtslos rufen, wenn die Situation zu schwer für Ihren Hund ist. Rufen Sie nicht sinnlos, wenn der Hund sowieso nicht kommt. Sie bringen dem Hund ansonsten bei, Ihre Kommandos nicht zu befolgen.
- Dem Hund nie hinterher rennen, er könnte es als lustiges Fangspiel auffassen. Sie laufen immer weg vom Hund und machen sich interessant.
- Spaziergänge anfangs nur in reizarmer Umgebung.
- Situationen geschickt ausnutzen. Kommt der Hund gerade zu Ihnen, fügen Sie noch das entsprechende Kommando hinzu.
- Beim Abrufen niemals dem Hund entgegen gehen, sonst kann es passieren, dass er sich auf der Hälfte umdreht und weiter läuft oder er bleibt stehen und wartet, bis Sie da sind.
- Ihr Garten ersetzt nicht die notwendige Gassirunde.
- Spaziergänge dienen der Umwelterkundung.
- Was einmal erlaubt ist, ist immer erlaubt, und was einmal verboten ist, ist immer verboten!!!

# Spiele und Übungen für unterwegs und zu Hause

## Leckerli-Baum

Nehmen Sie viele schöne Leckerchen, am besten Käse oder Würstchen, und stecken diese in die Rinde eines Baumes. Der Hund soll dabei warten und zuschauen.
Gehen Sie zurück zum Hund und schicken ihn mit dem Kommando SUCH los.

Je nachdem wie lang sich Ihr Hund machen kann, können Sie die Höhe selbst bestimmen.

**Leckerli-Strauch**

Ähnlich wie beim Leckerli-Baum werden die Leckerchen hier auf die Zweige gesteckt.

Der Schwierigkeitsgrad ist höher, da sich die Hunde beim Suchen nicht abstützen können.

Stöckchen sind mit Vorsicht zu genießen. Es droht Verletzungsgefahr!

## Leckerli-Kuller-Spiel

Nehmen Sie ein rundes Leckerchen und kullern es auf einem festem Untergrund weg. Der Hund soll hinterher rennen.

1. Charly muss sich setzen
2. Das Leckerli wird weggeworfen
3. Charly rennt hinterher
4. und findet das Leckerchen
5. Sofort zurück zu Frauchen, es könnte ja noch eins geben

## Leckerli Spaß-Fährte

Legen Sie in einer Linie Käsewürfel aus. Gehen Sie zurück zum Hund und lassen Sie ihn suchen.

Sucharbeit macht vielen Hunden großen Spaß!

Charly sucht ruhig und gründlich alle Käsewürfel. Diese Suchaufgabe ist auch eine Belohnung für die zuvor korrekt ausgeführte Übung BLEIB. So kann man Training und Spaß wunderschön in Verbindung bringen.

**<u>Um den Baum</u>**

Anouk soll einen Baum umrunden. Petra gibt ihr die Richtung vor.

Sofort macht sie sich auf den Weg

Sie weiß genau, dass es für die Übung eine Belohnung gibt und rennt daher schnell um den Baum zum Frauchen.

Endlich am Leckerchen angekommen......

## Spiel & Spaß mit dem Futterdummy

Ben trägt den Futterdummy zum Frauchen

Biggy soll lernen, einen Futterdummy zu bringen. Nach dem Wegwerfen rennt der Hundehalter in die entgegengesetzte Richtung und animiert den Hund damit, ihm zu folgen. Als Biggy mit dem Dummy bei ihm angekommen ist, gibt es eine schöne Belohnung in Form eines Tauschgeschäftes, Dummy gegen Leckerli. Oder öffnen Sie den Dummy und der Hund darf einmal mit der Schnauze hinein und sich die Belohnung selbst nehmen.

Die Natur bietet viele Möglichkeiten, um das Training abwechslungsreich zu gestalten.
Egal, ob Sie Hunde über Buhnen springen lassen, Leckerlis auf Hydranten verstecken, Sitzübungen auf Felsen einbauen oder einen Erdwall zum Verstecken von Leckerchen verwenden... lassen Sie Ihrer Phantasie freien Lauf.
Es können auch umgefallene Baumstämme, alte Bänke, Gullydeckel, oder Brücken ins Training integriert werden.

Ein Schwein aus dem Backofen bringen.

Wäsche abnehmen und in den Korb legen.

**Übungen für zu Hause**

Gerade in der dunklen Jahreszeit muss man die Spaziergänge meistens verkürzen. Beschäftigen Sie Ihren Vierbeiner zu Hause oder im Garten.

Intelligenzspielzeuge gibt es mittlerweile in verschiedenen Varianten und Schwierigkeitsgraden. Bei diesem Solitärspiel muss der Hund die Leckerlis unter den Hütchen suchen.

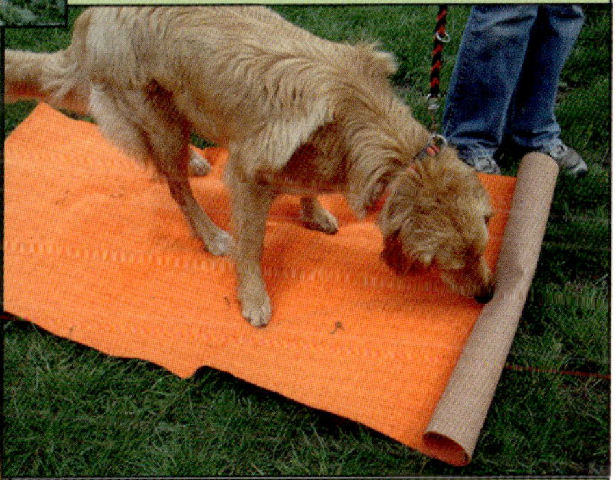

Lexi muss einen Teppich mit Leckerchen aufrollen.
Dieses Spiel können Sie auch zu Hause benutzen, um die Mahlzeit Ihres Vierbeiner zu verstecken.

Ein Auto hinter sich herziehen, sich in einen Wäschekorb setzen oder - wie Ayla - unter Pylonen Leckerlis suchen, alles Aufgaben die Hunde fordern und fördern.

**Leckerli Weitwurf**

Nehmen Sie viele Leckerchen in die Hand und werfen Sie diese einfach weit weg. Auf dem linken Bild sieht man schön, wie viele kleine Käsewürfel für Charly weggeworfen werden.

Charly verfolgt die Leckerchen

Hier sucht er eifrig alle Käsestücke und ist mehrere Minuten sinnvoll beschäftigt

**<u>Suchspiel auf Maulwurfshügeln</u>**

**Tricks**

Bauen Sie kleine Tricks in Ihren Spaziergang ein. Solche Übungen dienen der Bindungsförderung und bringen Abwechslung.

Hier muss Amy „einparken“, also rückwärts durch die Beine laufen.

**<u>Schnell zu erlernen sind folgende Übungen:</u>**

- Linkes und rechtes Pfötchen geben
- Tip und Tap, rechtes Pfötchen auf das linke Bein legen, linkes Pfötchen auf das rechte Bein legen
- Männchen machen

**Slalom durch die Beine**

**Benny muss sich bei „Peng" auf die Seite legen. Eine „Rolle" kann man auch in den Spaziergang einbauen, sowie Spiele mit einer Frisbeescheibe.**

**Amy muss Bälle in einen Eimer tun**

**Natur zum Training nutzen**

**Ayla darf eine Fährte absuchen. Nasenarbeit ist eine der schönsten Aufgaben für einen Hund. Im Bild unten bekommt sie gerade aus dem Futterdummy ihre Belohnung.**

Die hier genannten Übungsbeispiele sind nur ein Bruchteil und können beliebig in verschiedene Varianten abgewandelt werden. Auch Training zu den Kommandos kann man abwechslungsreich gestalten. Dazu muss man nicht in einer Hundeschule oder einem Hundesportverein sinnlos im Kreis laufen und dreimal SITZ und fünfmal PLATZ üben.

Das Training in einer Hundeschule oder einem guten Verein kann aber auch sehr viel Spaß machen und ist für Übungen mit Ablenkung und kontrolliertem Spiel schon sehr zu empfehlen. Außerdem hat man Kontakt zu Gleichgesinnten und kann Erfahrungen austauschen.

Als nächstes folgt nun ein Trainingsplan, in dem Sie Beispiele finden, wie  Ihre Spaziergänge in Zukunft aussehen können. Auch hier sind Ihrer Phantasie keine Grenzen gesetzt.

Anhand der aufgezeigten Beispiele sind Sie nun in der Lage Ihren eigenen Trainingsplan zu erstellen und die gemeinsamen Spaziergänge immer interessant und abwechslungsreich zu gestalten.

Im Anschluss an den Trainingsplan, erfahren Sie noch, wie Sie eine gute Hundeschule oder einen geeigneten Verein finden können und woran Sie qualifizierte Trainer erkennen. Nehmen Sie diese Informationen sehr ernst!

## Beispiel eines Trainingsplans

| | **Strecke** | **Spiel, Spaß & Beschäftigung** |
|---|---|---|
| **Montag** | Oberholz | Versteckspiele hinter Bäumen, Leckerlibaum |
| **Dienstag** | Naunhofer See | Suchaufgaben mit dem Futterdummy |
| **Mittwoch** | Oelzschauer Wiesen | Mit dem Spielzeug spielen |
| **Donnerstag** | Hundewiese Stünzer Park | Leckerlibaum– oder Strauch, Ausgiebiges Spiel mit Artgenossen |
| **Freitag** | Hermesfeld | Maulwurfshügelspiel, Leckerli-Weitwurf |
| **Samstag** | Nur eine kleine Runde, dann Besuch Hundeschule | Hundeschule Clickertraining |
| **Sonntag** | Püchauer Wiesen | Ball spielen |

| Spezielle Übungen | Tägliches Training |
|---|---|
| Leinenführigkeit, am Wildgehege üben, Fahrradfahrer, Jogger usw. | Hier, Sitz, Platz, Fuß, Bleib, Leinenführigkeit |
| Ablenkung bei Badegästen, Fahrradfahrern, anderen Hunden, spielenden Kindern | Hier, Sitz, Platz, Fuß, Bleib, Leinenführigkeit |
| Eine Fährte legen | Hier, Sitz, Platz, Fuß, Bleib, Leinenführigkeit |
| Sozialkontakt zu anderen Hunden, Leinenführigkeit | Hier, Sitz, Platz, Fuß, Bleib, Leinenführigkeit |
| Zurück auf den Weg, Kommandos auf Entfernung üben | Hier, Sitz, Platz, Fuß, Bleib, Leinenführigkeit |
| Hundeschule Abrufen unter Ablenkung | Hier, Sitz, Platz, Fuß, Bleib, Leinenführigkeit |
| Treffen mit anderen Hunden, ausgiebiges Spiel und Übungen unter hoher Ablenkung | Hier, Sitz, Platz, Fuß, Bleib, Leinenführigkeit |

## !Hundewissen Praxistipp

Eine Hundeschule zu eröffnen, ist nicht schwer. Es gibt leider keine staatlich anerkannte Ausbildung für eine Hundetrainerin oder einen Hundetrainer. Nur die Liebe zum Hund und die Tatsache, selber einen Hund zu haben, der vielleicht auch ganz gut hört, reichen bei weitem nicht aus, um eine Hundeschule zu eröffnen und zu führen. Hundeschule ist sowieso das falsche Wort, denn eigentlich muss ja erst einmal der Hundehalter geschult werden.

Da Hundeschulen im Moment wie Pilze aus dem Boden schießen, schauen Sie sich unbedingt erst einmal kostenlos einen Kurs an. Ein Trainingsplatz sollte nicht nur, sondern muss vorhanden sein. Sogenannte Hundeschulen, die mit "Mobil" werben, haben meistens keinen eigenen Hundeplatz und keine festen Gruppen, in die Sie integriert werden können. Diese Hundeschulen wollen Ihnen dann verklickern, dass das Üben auf dem Hundeplatz sinnlos ist, denn der Hund muss ja auch draußen hören und demzufolge auch draußen üben. Eine gute Hundeschule übt natürlich auch draußen, aber ein eingezäuntes Grundstück ist immer notwendig, um erst einmal die Übungen sicher zu lernen, zu festigen und dann in alltägliche Situationen umzulegen. Diese mobilen Hundeschulen verfolgen meist nur den Zweck, ohne irgendwelche Investitionen die schnelle Mark bzw. den schnellen Euro zu machen.

Nachfolgend habe ich Ihnen daher einige nützliche Tipps aufgeschrieben, die Ihnen helfen, eine gute Hundeschule und einen geeigneten Hundetrainer/in zu finden.

### So finden Sie eine gute Hundeschule oder einen guten Hundeverein!

Der Grundstein bei der Welpenerziehung ist natürlich ein Welpenkurs. Hierbei sollte man beachten, dass die Gruppengröße bei ca. 6 Welpen liegt und nicht eine reine Spielgruppe ist. Der Welpenkurs sollte aus einem Abenteuerparcours, kleinen Übungen und theoretischen Einheiten sowie Außeneinheiten, wie Feldwege oder Einkaufsparks, bestehen. Zwischen den Übungen sollten die Hunde immer wieder unter Kontrolle spielen dürfen. Es gibt tatsächlich Welpenkurse, bei denen die Welpen eine Stunde im Kreis marschieren und Sitz und Platz machen. Ein Welpenkurs sollte aber niemals ein Versuch zur Welpenfrühdressur sein. Dann gibt es noch Hundetrainer, die Welpen im Einzeltraining mit dauerhaft angelegter Schleppleine und sogar dem Einsatz von Starkzwangmitteln ausbilden und erst später in eine Gruppe integrieren.

Gruppen für junge und erwachsene Hunde sollten auch nicht größer als 6 Hunde sein. Bei größeren Gruppen ist kein optimales Training möglich. Achten Sie darauf, gerade in Junghundegruppen, dass keine Hunde gemobbt werden. Die Spiel- und Trainingsphasen müssen dem Alter der Hunde angepasst sein. Das Gleiche gilt für den Schwierigkeitsgrad der einzelnen Übungen. Die Intensivierung der Grundkommandos sollte allerdings im Vordergrund stehen. Spiel und Spaß dürfen jedoch nicht ins Hintertreffen geraten.

**Diese Ausbilder sollten Sie unbedingt meiden!**

Testen Sie eine Spielstunde, bevor Sie sich anmelden, um sich zu vergewissern, wie auf dem Platz gearbeitet wird. Schauen Sie sich immer erst eine bestehende Gruppe ein- oder mehrmals an und stellen Sie Ihre Fragen. Ist dies nicht möglich sollten Sie stutzig werden. Wichtig ist außerdem, dass die ganze Familie am Kurs ohne Zuzahlung teilnehmen kann. Es gibt Hundeschulen, die die Lehrgangsgebühren pro Person und nicht pro Hund verlangen - äußerst unseriös, denn schließlich müssen alle in der Familie mit dem Hund arbeiten und nach Möglichkeit auch alle nach dem gleichen Schema. Dies ist gerade sehr wichtig, wenn Kinder im Haushalt leben.
Es sollten Anschlussgruppen, wie zum Beispiel Junghundegruppen, vorhanden sein, so dass Ihr Hund von klein auf gut betreut ist.
Hat sich die Erziehung Ihres Vierbeiners überhaupt nicht gebessert bzw. stagniert sie bei bestimmten Problemen, sollten Sie einen Wechsel des Trainingsplatzes unbedingt in Betracht ziehen. Das gleiche ist zu empfehlen, wenn Ihr Hund nur zögerlich oder sehr ungern den Übungsplatz betritt. Hunde, die Erziehung und somit den Hundeplatz mit Spaß und Freude verbinden, werden meist schon einige Kurven vor dem Hundeplatz im Auto vor Freude heulen und können es kaum erwarten. endlich spielen, toben und lernen zu dürfen.

**Geeignete Trainer erkennt man daran, dass**

- sie das ganze Team und die ganze Sache überblicken und im Griff haben.
- sie stets kompetente Antworten auf Ihre Fragen haben und nicht nur banale Sätze von sich geben wie: „Wir machen das immer so" oder „Das ist eben so" usw.
- Anweisungen, die Sie erhalten, ruhig und kompetent erläutert werden.
- in den Übungsstunden die Hundehalter mit dem Hund arbeiten und nicht der Trainer selbst.
- die Ausbildung nicht monoton immer nach dem gleichen Schema abläuft, sondern immer wieder verschiedene Übungen eingebaut werden.
- grundsätzlich alle Rassen an den Stunden teilnehmen dürfen.
- rassebedingte Eigenschaften in der Erziehung und Ausbildung berücksichtigt werden.
- der Trainer wirklich auf jeden Hund und sein "Problem" eingeht.
- grundsätzlich über Motivation, Spiel, Leckerli und den Einsatz von Stimme und Körpersprache gearbeitet wird.
- auf Druck und Starkzwangmittel verzichtet wird.
- Ihnen Grundkenntnisse über den Hund und den Umgang mit ihm vermittelt werden.
- sie Ihnen die Übungen auch beim dritten Mal noch freundlich erklären.
- der Umgang mit Hunden beispielhaft vorgelebt wird.

Es reicht bei weitem nicht aus, Hunde zu lieben und gern zu haben. Theoretisches Hintergrundwissen gehört unbedingt dazu sowie ein weiteres wichtiges Element: das richtige Gefühl für Hunde. Trainer, die zwar über das notwendige Grundwissen und die Liebe zum Hund verfügen, müssen nicht selbstverständlich gut sein. Ein richtig guter Trainer wird es verstehen jedes Hundeherz zu erobern und Ihnen sein ganzes Wissen verständlich und anschaulich zu vermitteln.

## **Hundeverein oder Hundeschule?**

Leider gibt es unfähige Trainer in Hundevereinen, genau wie in Hundeschulen. Die Tatsache, dass Sie in einer kommerziellen Hundeschule mehr für die Teilnahme zahlen müssen als in einem Verein, sollte für Sie kein Auswahlkriterium sein. Der kommerzielle Anbieter muss mehr Geld nehmen, er will schließlich von seinem Beruf leben. Vereine dürfen wegen der Gemeinnützigkeit keine Gewinne machen und sind deshalb meistens preiswerter. Die Höhe des Preises sagt jedoch nichts über die Qualität der Ausbildung aus.
Wenn Sie die oben aufgeführten Punkte beachten, werden auch Sie als Laie merken, welcher Hundeverein oder welche Hundeschule kompetent ist.
Mitunter ist es ratsam, homöopathische Mittel zur Unterstützung einer Therapie einzusetzen. Bei Hundeschulen wird dies meist angeboten und in den Therapieplan eingearbeitet.
Bei schwierigen Problemen mit dem Hund (wie Aggressivität oder ängstliches Verhalten) sind außerdem oft Einzelstunden und Besuche in der häuslichen Umgebung notwendig, um der Ursache auf den Grund zu gehen und Fragenkataloge zu beantworten. Diese Verfahrensweise kann von Vereinen eigentlich kaum realisiert werden, da die Ausbilder meistens ehrenamtlich arbeiten und während der Übungsstunde nicht so detailliert auf das Problem eingehen können. Pauschale Antworten zur Behebung des Problems helfen Ihnen nicht weiter.

Auf keinen Fall sollten Sie sich von bereits ausgebildeten Hunden, die auf dem Hundeplatz 1a hören, beeindrucken lassen. Dies sagt noch nichts darüber aus, wie dieser Hund zu diesen Leistungen bewegt wurde. Mit Motivation über Spiel und Leckerli oder über Drill und Strafe! Die Körperhaltung des Hundes ist von enormer Wichtigkeit. Wie viele Hunde hören auf dem Hundeplatz super, aber alltagstauglich und sozial verträglich sind sie damit noch lange nicht. Hundevereine bieten im Anschluss an die Begleithundeprüfung selten weitere Beschäftigungsmöglichkeiten an, und wenn, dann zum größten Teil nur Schutz- und Wachhundeausbildung.
Hüten Sie sich vor Versprechungen wie: „100% Ausbildungsgarantie"!

Obedience, Clickertraining, Trickdog, Fährtenarbeit, Agility, Dummytraining oder Flyball sind beliebte Alternativen, um Ihren Hund zu beschäftigen.

# Feriengut Sewekow

## Urlaub mit Hund, bei uns kein Problem....

- Pensionszimmer, Bungalows und Ferienwohnungen
- Agilityparcour
- Hundedusche
- Hundebettenverleih
- Hundebücherbibliothek
- Seminarraum mit Technik
- Hundeshop
- großes Trainingsgelände (eingezäunt)
- Seminare, Workshops & Ausbildungskurse
- Urlaub mit Ausbildung kombiniert
- Individuelles Training nach Absprache möglich
- Wunderschöne Seen, viel Wald, herrliche Hundespazierrunden
- Ideal auch für Vereinsausflüge oder andere Hundegruppen
- Leckere Hausmannskost in unserer gemütlichen Gaststube
- Die Hunde dürfen natürlich mit in die Gasträume

Besuchen Sie uns an der Mecklenburger Seenkette und der Müritz

Bei uns können Sie einfach nur entspannen und Urlaub machen oder auch mit Ihrem Vierbeiner trainieren. Sie können auf Wunsch den Hundeplatz und die Halle anmieten oder sich von einer erfahrenen Trainerin anleiten lassen! Das Angebot ist sehr vielfältig und reicht von Erziehung über Fährtentraining bis hin zur Beschäftigung des Vierbeiners.

Rund um das Hundetraining ist Birgit Ilgner zuständig. Sie arbeitet seit 2001 hauptberuflich mit Mensch und Hund. Sie haben die Möglichkeit, einen festen Kurs zu buchen bzw. vor Ort zu entscheiden, ob Sie an Einzel- oder Gruppenstunden teilnehmen möchten. Für angebotene Seminare & Workshops müssen Sie sich immer vorher anmelden, da dort die Teilnehmerzahlen begrenzt sind. Das Training wird individuell auf Sie und den Trainingsstand des Hundes abgestimmt. Infos zur Hundeschule erhalten Sie auch im Internet unter www.hundeschule-muldental.de.

- Gruppen- und Einzelstunden
- Clickertraining
- Trickdog
- Fährtentraining
- Spiel- & Beschäftigungsseminare
- Leinenführigkeitsseminare
- Problemlösungen
- Rückruf-Training
- Ferien-Kinderkurse

**Feriengut Sewekow**
**Schulstraße 3**
**16909 Sewekow**
**Tel. 033966 / 60344**
**Fax. 033966 / 60411**

**www.Feriengut-Sewekow.de**
**info@feriengut-sewekow.de**

Bei uns wird noch selbst gekocht. Lassen Sie sich von unserer leckeren Hausmannskost verwöhnen. Unser Frühstücksbüffet lässt den Tag gut beginnen.

---

Für Erziehung, Spiel und Beschäftigung ist Birgit für Sie da. Das vielfältige Angebot lässt keine Langeweile aufkommen.

Mehr Infos dazu erhalten Sie auf der Internetseite **www.hundewissen-24.de**

Hundeschule
Hundeshop
Verlag

www.HundeWissen-24.de

## Bildnachweis

Die Farbfotos für dieses Buch wurden von Birgit Ilgner erstellt.
Folgende Bilder wurden mir freundlicher Weise zur Verfügung gestellt von:
Jörg und Gabi Rilling: S. 10,11,38,81,83,85,87,89
Familie Schreier: S. 12, 100, 103, 104
Tom Roch/Leipzig: S. 42, 101
Familie Schiktanz: S. 63,126
Helga Görlich: S. 115 unten rechts
Familie Pohle: S. 23

Alle Hinweise und Ratschläge dieses Buches beruhen auf jahrelangen praktischen und theoretischen Erfahrungen und Kenntnissen in der Ausbildung und Anleitung von Hundehaltern und Hunden. Eine Haftung der Autorin oder des Verlages für Tier-, Personen-, Sach- und Vermögensschäden ist ausgeschlossen.

© Hundewissen Verlag
Alle Rechte, insbesondere das Recht der Vervielfältigung, Verbreitung, Speicherung und Übersetzung, vorbehalten. Ohne vorherige schriftliche Genehmigung des Verlages dürfen keine Teile durch Fotokopie, Mikrofilm oder Übernahme auf elektronische Datenträger verwendet, vervielfältigt oder verbreitet werden.

2. Auflage 2009

ISBN 978-3-9812765-0-3

Lektorat: Gabriele Rilling, Petra Ng Herbert, Dagmar Caruso
Satz & Layout: Birgit Ilgner, Gabriele Rilling
Druck: Druckerei Mack GmbH, Schönaich

## Impressum

Hundewissen Verlag
Birgit Ilgner
Schulstraße 3
16909 Wittstock/Dosse OT Sewekow

www.hundewissen-verlag.de
info@hundewissen-verlag.de